Liebe Glücksuchende,

Mallorca ist für viele der Glücksort schlechthin. Nicht nur, weil das Wetter meistens sonnig und die Insel schnell zu erreichen ist. Sondern auch, weil auf einem vergleichsweise kleinen Areal von 3640 Quadratkilometern ganz unterschiedliche Glückswünsche erfüllt werden können. Zwischen Berg und Meer, in der Stadt und auf dem Land werden Badenixen und Sonnenanbeter, Radfahrer und Wanderer, Bergsteiger und andere Naturliebhaber, Gourmets und Genießer gleichermaßen glücklich, auch Kulturinteressierte kommen nicht zu kurz. Fast jeder war schon einmal auf Mallorca, glaubt vielleicht, es zu kennen – und doch gibt es auch für regelmäßig hierher Reisende und sogar auf der Insel Lebende immer wieder etwas Neues zu entdecken. Uns erging es nicht anders: Bei der Recherche für dieses Buch haben wir nach 20 Jahren, in denen wir alle Winkel Mallorcas regelmäßig besuchten, viel Neues und vieles noch einmal neu, auf andere Weise kennengelernt. Statt die allseits bekannten, von Touristen stark frequentierten Ziele anzusteuern, sind wir oft schon unterwegs hängen geblieben, an eher unscheinbaren Orten des stillen Glücks, an denen man meist einfach nur vorbeirauscht. Und nicht selten ist bereits der Weg das Ziel, etwa bei einer Fahrt durch die Tramuntana, auf einer ausgedehnten Tour durch die Inselmitte und einer kleinen zu Füßen des Galatzó oder auch auf kurzen Wanderungen. Dem Glück begegnet man dabei oft unverhofft – man muss es nur entdecken. Und wer frühmorgens oder am frühen Abend aufbricht, hat gute Chancen, es in aller Ruhe genießen zu können.

Ihre Katharina Richter & Martina Vogt

GLÜCK

Deine Glücksorte ...

1 **Über den Dächern von Palma**
Das Castell de Bellver 8

2 **Kleine Boote, große Yachten**
Palma-Promenade I:
Palmas Hafen 10

3 **Zu Gast bei Königs**
Im Garten des Palacio
de Marivent 12

4 **Inselkultur-Symbol**
Der Olivenbaum auf der
Plaça de Cort 14

5 **Die Meereshaltestelle**
La Parada del Mar 16

6 **Perfektes Palma-Panorama**
Die Sky Bar des Hotels
Hostal Cuba 18

7 **Kulinarische Weltreise**
Santa Catalina 20

8 **Die Kathedrale der Kaufleute**
Sa Llotja, die alte
Seehandelsbörse 22

9 **Kultur mit Grandezza**
CaixaForum 24

10 **Schwebend überm Born**
Die Terrassen des
Hotels Can Alomar 26

11 **Hamam in hübschem Garten**
Die Arabischen Bäder 28

12 **Meerchenhafter Markt**
Mercat de l'Olivar I:
Die Fischhalle 30

13 **Andächtige Stille in der Stadt**
Im Kloster Sant Francesc 32

14 **Geflochtenes Glück**
Die Mimbrería Vidal 34

15 **Die schöne Stille**
Zum Apéro in der Arabí 36

16 **Kulinarisches Wahrzeichen**
Ensaimada aus dem
Horno Santo Cristo 38

17 **Kohl und kapitale Koteletts**
Mercat de l'Olivar II:
Viktualien-Wonderworld 40

18 **In der Ruhe liegt der Charme**
Plaça Banc de S'Oli 42

19 **Offenes Meer, schicke Lokale**
Palma-Promenade II:
Portixol 44

20 **Frischer Fisch an Seeluft**
Palma-Promenade III:
Ciutat Jardí – die Gartenstadt 46

21 **Strand-Szenarien**
Die Terrasse des Restaurante Bungalow 48

22 **Wilde Dünen, weites Meer**
Palma-Promenade IV: Ciutat Jardí und Can Pastilla 50

23 **Rosen- statt Schinkenstraße**
Palma-Promenade V: Das Ende vom Ballermann 52

24 **Festungs-Feeling und BBQ**
Der Sea Club im Hotel Cap Rocat 54

25 **Der Südwesten von oben**
Wanderung Cala Fornells zum Cap Andritxol 56

26 **Blühende Landschaften**
Zu Füßen des Galatzó 58

27 **Wo die Sonne schlafen geht**
Sant Elm, Sa Dragonera, S'Arracó 60

28 **Zwischen Berg und Meer**
Estellencs 62

29 **Kaffeehaus-Nostalgie**
Das Café Colón in Llucmajor 64

30 **Acht Mühlen auf einem Hügel**
Das Städtchen Montuïri 66

31 **Glückliche Glücksbringer**
Ferkelchen bei Llubí 68

32 **Waschsalon aus alter Zeit**
Jardí de Sa Font in Pina 70

33 **Stars der jungen Inselküche**
Ca Na Toneta 72

34 **Buntes Frühlingstreiben**
Blühende Wiesen bei Llucmajor 74

35 **Landgut, alles gut**
Restaurante Sa Torre 76

36 **Durch die wilde Tramuntana**
Panoramenpiste MA-10 78

37 **Malvasia-Mekka**
Banyalbufar, Weingarten am Meer 80

38 **Am ältesten Sarazenenturm**
Der Talaia de ses Animes 82

39 **Silence is sexy**
Die Ermità de la Trinitat 84

40 **Am Loch von Valldemossa**
Sa Foradada 86

... noch mehr Glück für dich

41 **Refugium eines Aussteigers**
Son Marroig ... 88

42 **Sands und Chopins Liebesnest**
Auf dem Platz vor Valldemossas berühmter Kartause ... 90

43 **Im globalen Dorf**
Auf einen Tee in der Residencia, Deià ... 92

44 **Ein frühes Bad im Meer**
Cala Deià ... 94

45 **Letzte Ruhe mit Aussicht**
Auf dem Friedhof von Deià ... 96

46 **Ava Gardner im Garten**
Im Haus von Robert Graves ... 98

47 **Route der Trockensteinmauern**
Wanderung von Sóller nach Deià ... 100

48 **Tradition statt Trends**
An der Luna ... 102

49 **Süßes in der Seitenstraße**
Café Scholl, Sóller ... 104

50 **Mit Zitronen gehandelt**
Can Prunera und der Jugendstil in Sóller ... 106

51 **Made in Sóller**
Kühles Eis im warmen Orangental ... 108

52 **Hinreißendes Hafenrund**
Im Hafen von Sóller ... 110

53 **Zwei Welten**
Fornalutx ... 112

54 **Wasserstandsmeldungen**
Die Stauseen Gorg Blau und Cuber ... 114

55 **Krawattenknoten-Straße**
Über Sa Calobra zum Torrent des Pareis ... 116

56 **Ansehnlicher Seelenbalsam**
In den Gärten von Alfàbia ... 118

57 **Toskana in der Tramuntana**
Raixa ... 120

58 **Einer für fast alles**
Im Gemischtwarenladen Can Bou ... 122

59 **Hexen-Disko und Burgruinen**
Hinauf zum Puig d'Alaró ... 124

60 **Spatzen, Schafe, 30 Seelen**
In Orient ... 126

61 **Am südlichsten Punkt**
Cap de Ses Salines und Platja des Caragol 128

62 **Der Hafen des Kolumbus**
Portocolom 130

63 **Smart Shopping, Top-Tapas**
Die Plaça von S'Alquería Blanca 132

64 **Natur-Pool im tiefen Süden**
Cala Pi 134

65 **An geschütztem Ankerplatz**
In der Hafenbucht von Porto Cristo 136

66 **Frischer Fisch am Fjord**
Cala Figuera 138

67 **Ses Salines' Fischerfritz**
Casa Manolo 140

68 **Playa-Paradies mit Bar**
Es Trenc 142

69 **Am Ende der Welt**
Das Cap de Formentor 144

70 **365 Stufen zur Glückseligkeit**
Auf dem Kalvarienberg in Pollença 146

71 **Mediterrane Üppigkeit**
Auf dem Markt in Pollença 148

72 **Das Klassik- und Kunstkloster**
Im Convent de Sant Domingo 150

73 **Charmanter Schutzwall**
Ein Spaziergang auf der Stadtmauer von Alcúdia 152

74 **Die Unvollendete**
Die „Neue Kirche" in Son Servera 154

75 **Einsiedelei mit Aussicht**
Die Halbinsel La Victoria 156

76 **Natur-Kultur-Symbiose**
Garten- und andere Kunst: Sa Bassa Blanca 158

77 **Schwimmen und schlemmen**
Alcanada und das Bistro La Terraza 160

78 **Ins Blaue hinein**
Auf dem Holzsteg am Strand von Alcúdia 162

79 **Vier Glücksorte in einem**
Die Finca Son Real 164

80 **Ein großzügiges Geschenk**
Die Ermità de Betlem 166

Über den Dächern von Palma

1 Das Castell de Bellver

Was für eine majestätische Aussicht! Die ganze Stadt liegt einem zu Füßen. Das Castell de Bellver macht seinem Namen alle Ehre, thront es doch auf einem Hügel gut 140 Meter über der Bucht von Palma. Von seinem Dach reicht der Blick über den Hafen und das Häusermeer kilometerweit und eröffnet so eine spannende Perspektive auf die Inselmetropole und ihr Hinterland. Während selbst die größten Luxusyachten unten in der Marina wie Spielzeugboote wirken, beeindruckt die berühmte Kathedrale auch noch aus der Entfernung mit ihren imposanten Ausmaßen. Die exponierte Lage der um 1300 erbauten Festung hatte natürlich strategische Gründe. Mit dem massiven Mauerwerk und vier stattlichen Türmen ist sie weithin als Trutz- und Schutzburg sichtbar. Doch Bellver war nicht nur als wehrhaftes Bollwerk, sondern auch als königliche Residenz gedacht und ist berühmt für seine bemerkenswerte Architektur. Einzigartig ist die kreisrunde Bauweise, durch die der Innenhof mit seiner doppelten Bogengalerie besonders harmonisch wirkt. Dauerhaft hielt sich allerdings keiner der mallorquinischen Könige hier auf. Nach dem frühen Ende ihrer Herrschaft – die Insel fiel 1349 an das Königreich Aragón – war das stolze Bauwerk für viele Jahrhunderte ein Gefängnis. Und so ranken sich auch schön-schaurige Geschichten um Bellver. Noch in jüngerer Zeit soll man ab und an ein Wehklagen und Stöhnen aus den längst verwaisten Kerkern gehört haben. Außerdem, so heißt es, trieb in den Höhlen unter der Burg einst die Hexe Joana ihr Unwesen. Heute wirkt das Kastell alles andere als düster. Neben einer Dauerausstellung zur Geschichte Palmas sind einige repräsentative Säle sowie die Hofküche zu besichtigen. Und der Innenhof mit den eleganten Arkadengängen dient im Sommer als stilvoller Rahmen für Konzerte. Das Kastell liegt zudem am Rande der mit 150 Hektar größten Grünanlage der Stadt. Kein Park im üblichen Sinne, sondern eher eine Art Wald, in dem Aleppokiefern, Mastix und wilde Olivenbäume wachsen. Ein sehr beliebtes Ausflugsziel der Einheimischen.

● Castell de Bellver, C/de Camilo José Cela s/n, Palma, Tel. 971 73 50 65
castelldebellver.palma.cat

Kleine Boote, große Yachten

2 Palma-Promenade I: Palmas Hafen

Man sieht das Meer vor lauter Booten nicht. Eng aneinandergeschmiegt wiegen sie sich auf rund dreieinhalb Kilometern Länge in der meist sanften Brise. 3700 Liegeplätze sollen in Palmas Hafen zur Verfügung stehen. Für jene, die gerne Skipper wären, dürfte es kaum etwas Beglückenderes geben als einen Spaziergang entlang der palmengesäumten Promenade, die den gesamten Hafen umgarnt. In seiner Mitte, auf der Höhe der Terrasse des Restaurants Dársena, hat man Segel- und Motorboote sowie Llaüts, die typisch mallorquinischen Fischerboote, direkt vor der Nase. In südwestlicher Richtung geht es bis zum Sporthafenende mehr oder weniger so weiter. Dort, an der Mole Pelaires, legen die großen Fährschiffe an, dahinter, am mehrere Hundert Meter ins Meer ragenden Dic del Ouest, Kreuzfahrtschiffe. Und noch mal dahinter, in der Cala de Porto Pi, deren Einfahrt mit Leucht- und Wachturm grüßt, liegt der Militärhafen – und manchmal auch die Yacht des Königs von Spanien. Wer vom Dársena aus nach Osten schlendert, wird mit jedem Meter größere Schiffe sehen. Im Winter, wenn sie auf Reede liegen, tragen manche, hoch über dem Wasser schwebend, ein weißes Schutzkleid, auch die ganz gigantisch Großen: Sahnebaisers vor Hafenkulisse. Am östlichen Hafenende, an der neu gestalteten alten Mole mit ihren beiden Bling-Bling-Restaurants, kommt man ziemlich dicht ran an prächtige bis protzige Motoryachten und schnittige Riesensegler mit schwindelerregend hohen Masten.

Aber ach: Das Leben besteht selbst auf Mallorca nicht nur aus Bötchenfahren. Sondern auch aus Fischefangen. An der Contramuelle Mollet, der Fischereimole, wird man daran erinnert. Bei der täglich in aller Herrgottsfrühe stattfindenden Versteigerung des Frischgefangenen kann man live dabei sein. Früher wurden täglich bis zu 25 000 Passagiere durch den Hafen geschleust. Auch, wenn es heute nicht mehr so viele sein dürfen: Was für ein Stress! Da hocken wir doch lieber den ganzen Tag lang auf der Terrasse des Can Blanc im warmen Sonnenschein und spinnen beim Klingklong der Takelagen meterlanges Seemannsgarn.

● Can Blanc, Av. de Gabriel Roca 3, Palma, Tel. 971 18 05 04

Zu Gast bei Königs

3

Im Garten des Palacio de Marivent

Man kennt die Bilder: Alle Jahre wieder zeigt sich die spanische Königsfamilie zu Ferienbeginn vor ihrer mallorquinischen Sommerresidenz der Presse. Wohl weniger bekannt ist, dass der Palast nicht sonderlich alt und auch noch nicht lange in königlichem Besitz ist. Das auf den Klippen vor Palma gelegene Anwesen mit dem wohlklingenden Namen „Marivent" – auf Deutsch „Meer und Wind" – ließ ein Tausendsassa namens Ioannes Saridakis Anfang der 1920er-Jahre erbauen. Der in Ägypten geborene Grieche war als Ingenieur in Chile zu Reichtum gekommen, auf Mallorca ließ er sich dann als Künstler und Mäzen höchst komfortabel nieder. Seine Witwe vermachte den prächtigen Wohnsitz der Balearen-Regierung mit der Auflage, ihn in ein Museum zu verwandeln – was geflissentlich ignoriert wurde.

Stattdessen überließ man den Besitz dem spanischen Königshaus – royale Feriengäste sind schließlich gut fürs Image. Und Juan Carlos und Co. kamen und kommen seit 1975 auch nur zu gerne hierher – über die Jahre ein latentes Politikum, denn für die Unterhaltskosten des Sommersitzes kommt die Regionalregierung auf. Unter dem jungen Monarchen Felipe VI. wurde vereinbart, einen Teil des weitläufigen Parks für die Allgemeinheit zu öffnen. Seit Mai 2017 kann nun jedermann durch den königlichen „Vorgarten" spazieren, ein über 9000 Quadratmeter großes Areal gleich hinter der stattlichen Toreinfahrt zum Palast. Und wahrlich: Der herrschaftliche Park ist eine Augenweide. Mit sorgsamer Hand haben die Gärtner hier über 40 Pflanzenarten zu einem harmonischen Gesamtbild arrangiert. Da wiegt sich Goldrohrbambus im Wind und ragen riesige Baumstrelitzien in die Höhe. Rosmarinhecken säumen die Wege. Farbenfroh rankt hier eine Bougainvillea, umschlingt dort eine Glyzinie eine Pergola. Da blühen und grünen Rosen und Agapanthus, Oleander und Zypressen, Feigen- und Zitrusbäume. In diesen einem Gemälde gleichenden Garten fügen sich ganz selbstverständlich zwölf Skulpturen von Joan Miró.

TIPP

Gleich gegenüber kann man im Restaurant Parada del Mar preiswert Fisch und Meeresfrüchte genießen.

● Palacio de Marivent, Eingang an der Av. Joan Miró, Cala Major, Palma

Inselkultur-Symbol

4 Der Olivenbaum auf der Plaça de Cort

Er ist alt – uralt. Er dürfte zu den 90 Prozent der mallorquinischen Olivenbäume zählen, die über 500 Jahre auf ihren bizarr geformten Stammbuckeln haben. Man könnte meinen, er sei Zeugnis einer urmallorquinischen Kultstätte. Doch Pustekuchen: Der berühmte Olivenbaum ist erst seit 1989 auf der Plaça de Cort zu finden, aufgewachsen ist er im hohen Norden der Insel. Er ist, ganz profan, zunächst mal Weihnachtsbaumersatz. Wie das? Ein geschäftstüchtiger deutscher Gartenbauer stiftete 1963 eine Fichte, die die Stadtoberen hier gleich vor dem Rathaus aufstellen ließen und weihnachtlich schmückten. Das kam so gut an, dass der Mann in den folgenden Jahren immer wieder eine Fichte liefern durfte – die er sich aber fortan bezahlen ließ. Um Kosten zu sparen, versuchte die Stadt es bald mit einem Exemplar samt Wurzelballen. Natürlich konnte die hier nicht wirklich verwurzelte Fichte im mallorquinischen Sommer genauso wenig überleben wie die Zeder, die ihr folgte. 1989 erbarmte sich ein mallorquinischer Unternehmer und schenkte der Stadt einen Olivenbaum, den er aus Pollença ankarren und hier einpflanzen ließ.

Und nun steht der „Olivo de Cort" schon über 30 Jahre an Ort und Stelle – und natürlich auch exemplarisch für ein Stück Inselkultur, das deren Landschaft ebenso prägt wie deren (Land-)Wirtschaft, zählt Olivenöl doch zu den Exportschlagern der Insel. Dass die Produktion des köstlichen und gesunden flüssigen Goldes auf Mallorca schon seit dem 16. Jahrhundert wie geschmiert läuft, davon zeugen bis heute zahlreiche Ölmühlen, die Tafonas. Man kann sie in vielen Restaurants oder, wie auch die prächtigsten Haine und Bäume, im Rahmen von Touren entdecken. Seit 2002 mit einem Herkunftsbezeichnungs-Gütesiegel versehen, gibt es inzwischen rund 60 Marken des qualitätsvollen mallorquinischen Olivenöls. Da heißt es wie immer: probieren statt studieren. Wie wäre es mit einem Pan cristal auf der Terrasse des Hotel Cort? Von hier aus lässt sich der altehrwürdige Baum in aller Ruhe bestaunen.

● Plaça de Cort, Palma
www.olidemallorca.es, www.illesbalearsqualitat.es, www.mescultura.com
● Hotel Cort, Plaça de Cort 11, Palma, Tel. 971 21 33 00, www.hotelcort.com

bossa

Die Meereshaltestelle

5

La Parada del Mar

Das Glück liegt auf dem Präsentierteller oder, sagen wir, auf einem sehr, sehr großen Tablett. Muscheln etwa: Mies-, Herz-, Venus- und sogar Schwertmuscheln, in Deutschland in so guter Qualität kaum zu kriegen. Miesmuscheln, erzählt der Mann hinter dem Tablett, können Sie à la marinera in einer leichten Tomatensauce, aus dem Dampf oder von der Plancha haben. Lieber Schwertmuscheln? Die bereiten wir mit Knoblauch und Petersilie auf der Plancha zu, ebenso wie Sepia oder Gambas. Vielleicht ein paar Chipirones, die Mini-Tintenfischchen, oder Boquerones, die kleinen Sardinen? Wir hüllen sie in eine ganz feine Panade. Zum Hauptgang Hummer oder Taschenkrebs? Steak von Thunfisch oder Lachs? Oder einen ganzen Fisch, etwa San Pedro, Drachenkopf, Wolfsbarsch, Dorade, dazu einen kleinen Salat oder Pimientos de Padrón? Halt, stopp, wird das nicht zu teuer?

Keine Sorge. La Parada del Mar verspricht mit seinem Untertitel, eine „Marisquería economica", also ein preiswertes Meeresfrüchte-Restaurant zu sein – und hält es auch. Alle Fische, Krusten- und Schalentiere sind wie an einem Marktstand mit Kilopreisen ausgezeichnet. Der Gast gibt an, wie viel er wovon jeweils möchte, alles wird vor seinen Augen ausgewogen. Er bekommt eine Nummer, wählt an der Bar nebenan die Getränke und bekommt einen Tisch zugewiesen. Währenddessen sind die Jungs und Mädels in der Küche schon dabei, die gewünschten Speisen à la minute zuzubereiten. Der Gast muss jetzt nur aufpassen, wann die Küche seine Nummer aufruft. Wenn viel los ist, muss er sich seine Speisen dann schon mal selbst holen, sonst erledigt auch das der Service. An dieser „Meereshaltestelle", an der Fisch und Meeresfrüchte so preiswert zu genießen sind wie sonst wohl nirgendwo in Palma und deren liebevoll dekoriertes Ambiente an eine hübsche, einfache Fischerkneipe erinnert, legen auch Einheimische gerne einen Stopp ein. Chichi braucht hier kein Mensch. Wir sagten es ja schon: Das Glück liegt auf dem Teller. PS: Die Desserts sind alle hausgemacht.

TIPP

Gegenüber liegt der Marivent-Palast mit seinem hübschen Garten, der seit 2017 zu besichtigen ist.

● La Parada del Mar, Av. Joan Miró 244, Cala Major, Palma, Tel. 971 59 27 06
www.laparadadelmar.com

ZAMBURIÑAS
12,50
PIMIENTOS PADRON
4,80
BOGAVANTE
30,00
ATUN
DORADA
27,00
MERLUZA
ENSALADA FRUTOS SECOS
4,50
CALAMAR
ENSALADA VERDE
4,00
MEJILLONES
10,80
ALMEJA
P.V.P.
KILO

Perfektes Palma-Panorama

6

Die Sky Bar des Hotels Hostal Cuba

Wow! Im Osten, wo die Sonne aufgeht, die Kathedrale und die Festungsmauern des Es Baluard, im Süden der Mastenwald der Segler, die in Palmas königlichem Yachtclub vor Anker liegen, im Westen die Mühlen des einstigen Fischerviertels Es Jonquet und im Norden der Dächerdschungel von Santa Catalina: was für ein Rundumblick! Glücklich die Gäste des Hotels Hostal Cuba, die bei sonnigem Wetter hier oben auf dem Dach des dreistöckigen Hauses ihr Frühstück genießen und sich dabei in aller Ruhe überlegen können, in welcher Richtung sie ihren Entdeckungszug durch die Inselmetropole starten. Aber auch, wer nicht in einem der 15 Zimmer und Suiten des Vier-Sterne-Boutique-Hotels Logis bezogen hat, darf bei einem Kaffee, einem Glas Wein oder einem Cocktail dieses Premium-Panorama genießen. Nicht nur wegen der Himmelsbar lohnt es sich, das Hotel Hostal Cuba zu besuchen, denn es ist ein Prachtexemplar des katalanischen Jugendstils, auch „Modernismo" genannt. 1904 wurde es von einem Gaudí-Schüler erbaut, wie so vieles in Palma. Bauherr war ein wohlhabender Mallorquiner, der, typisch für die Zeit Ende des 19. Jahrhunderts, einst nach Kuba ausgezogen war, um Geld zu verdienen, was ihm auch gelang. Er bewohnte das herrliche Haus mit Türmchen, heute und wahrscheinlich schon damals Wahrzeichen des einstigen Fischer- und heutigen Ausgehviertels Santa Catalina, bis zum Spanischen Bürgerkrieg. Danach diente es als preiswertes Hostal für Seeleute und weniger gut betuchte Touristen, bis es in den Nullerjahren wieder auf Hochglanz poliert wurde.

TIPP

Die Cuba-Bars sind ideale Aperitif- und Digestif-Plätze bei Streifzügen durch Santa Catalina.

Nachtschwärmer kommen hier voll auf ihre Kosten: Im Haus selbst legen DJs zuweilen bis in die Morgenstunden auf, und auch rund um das Hotel Hostal Cuba herum wird gerne und heftig Party gemacht, an Samstagen, wenn der Tardeo tobt, sogar schon am frühen Nachmittag. Dann treffen sich Feierlustige auf einen Wermut in den Kneipen gleich neben dem Hotel. Wem das Treiben dann doch zu bunt wird, der kann es sich ja in aller Ruhe von oben anschauen …

● Hotel Hostal Cuba, C/Sant Magí 1, Palma, Tel. 971 45 22 37
hotelhostalcuba.com

Kulinarische Weltreise

7

Santa Catalina

Was würden Sie heute gerne essen? Sushi beim Japaner, Curry beim Thai? Mäsa beim Libanesen, Falafel-Wraps beim Israeli? Tacos beim Mexikaner oder Causa und Rinderherz beim Peruaner? Cajun-Soulfood beim Kreolen? Pasta beim Italiener? Wollen Sie es hip und schick im Taller de Mar, wo man Fisch auch auf karibische Art genießen kann? Oder, wie überall sonst im Viertel, ganz casual? Sie müssen sich nicht gleich entscheiden. Fahren Sie einfach nach Santa Catalina, schlendern Sie durch die Gassen, werfen Sie einen Blick in die Restaurants.
Versäumen Sie aber nicht, sich auch die pittoresken, kleinen, maximal zweigeschossigen Häuschen mit ihren hübschen bepflanzten Balkonen und Erkern, manche mit Jugendstil-Elementen, anzuschauen, in denen sich all diese Restaurants befinden. Sie sind charakteristisch für ein ehemaliges balearisches Fischerviertel, was ja auch dieses einmal war, worauf wiederum die Deko im angesagten Restaurant Patrón Lunares verweist. Da könnten Sie ja vielleicht einen Drink nehmen. Und auch, wenn Santa Catalina in vielen Teilen gentrifiziert, im Falle der Calle Fábrica sogar kaputt saniert wurde; auch, wenn sich hier Foodies und Hipster tummeln und am Wochenende zuweilen schon ab mittags heftig gefeiert wird, hat es noch den Charakter eines traditionellen Wohnviertels bewahrt, gibt es neben der Smoothie-Bar das gute alte Einheimischen-Café, neben Wohnaccessoires für Young Urban Professionals den Haushalts- und Eisenwarenladen, neben Ayurveda-, Yoga- und Beauty-Studios den klassischen Friseur. Schließlich ist in Santa Catalinas Herz auch der älteste Markt Palmas zu finden: Schon Rückeroberer König Jaume I. erteilte 1249 das Marktrecht, und ein Bummel durch die kleine Halle empfiehlt sich. Jetzt aber zurück zu Ihrem Mittag- oder Abendessen. Wenn Sie sich immer noch nicht entschieden haben, gehen Sie ins Duke oder ins Naan, wo Sie die besten Gerichte vieler Nationalküchen preiswert unter einem Dach genießen können. Enjoy!

TIPP

Zum Auftakt eines Santa-Catalina-Besuchs gehört ein Aperitif in der Bar Cuba.

- Duke, C/Soler 36, Palma, Tel. 971 07 17 38, 971 07 17 38, www.dukepalma.com
- Naan, C/Caro 16, Palma, Tel. 971 91 55 22, www.naanstreetfood.es
- Mercat de Santa Catalina, zwischen Av. Argentina und Plaça Progreso

34a

Die Kathedrale der Kaufleute

8 Sa Llotja, die alte Seehandelsbörse

Selbst Kaiser Karl V., in dessen riesigem Reich die Sonne angeblich nie unterging, soll von diesem Bauwerk begeistert gewesen sein. Wobei er es zunächst für eine Kirche hielt. Viel anders dürfte es den meisten Besuchern Palmas heutzutage auch nicht gehen. Schließlich wacht ein Engel mit stattlichen Flügeln über dem Eingangsportal, von weiter oben blicken bizarre Wasserspeier auf den Betrachter herab, die Fassaden sind von schlanken Ziertürmen gekrönt.
Ganz so wie einst die Kathedralen sollte auch die Seehandelsbörse nachhaltig Eindruck machen. Als sie in der ersten Hälfte des 15. Jahrhunderts gebaut wurde, war Palma schließlich eine der mächtigsten Städte im Mittelmeerraum. Zahlreiche Handelsniederlassungen und eine Flotte mit Hunderten von Schiffen waren Grund genug, diese Wirtschaftskraft in Stein zu meißeln. Dabei bewiesen die mallorquinischen Kaufleute viel Geschmack: Sa Llotja gilt heute als Juwel der katalanischen Gotik. Dabei verzichtete man beim Bau der „Kathedrale der Kaufleute“ auf verschwenderische Ornamente; sie fasziniert und besticht aufgrund ihrer schlichten Eleganz. Das gilt auch für den weiten Innenraum: Dort wachsen sechs spiralförmig gedrehte Säulen in schwindelnde Höhen und gehen schließlich in ein wunderschönes Kreuzrippengewölbe über. Neun hohe Spitzbogenfenster lassen rundum Licht ins Innere. Die Architektur hat eine erstaunliche Leichtigkeit und strahlt dabei doch fast sakrale Würde aus. Ganz so, als habe man eine Kirche betreten, beginnt man unwillkürlich zu flüstern. Lange Zeit wurden hier Ausstellungen auch namhafter zeitgenössischer Künstler gezeigt, etwa Skulpturen von Tony Cragg und Installationen von Rebecca Horn, die in diesem gotischen Gewölbe besonders spektakuläre Wirkung entfalteten. Heute soll für die Besucher die außergewöhnliche Architektur im Mittelpunkt stehen. Im Sommer kann man diese nun vormittags und abends auf sich wirken lassen. Wobei die Atmosphäre irgendwie stets eine andere, doch immer eine ganz spezielle ist.

● Sa Llotja, Plaça de la Llotja 5, Palma

Kultur mit Grandezza

9 CaixaForum

Seinerzeit war es eine Sensation: Die Inselbewohner sollen nach der Eröffnung des Grandhotels in Trauben davorgestanden haben. Heute gilt der Prachtbau als Paradebeispiel des katalanischen Jugendstils. Sein Erbauer: der aus Barcelona stammende Architekt Lluis Domènech i Montaner, wie Gaudí ein herausragender Vertreter des Modernisme Català. Das 1903 eingeweihte Hotel machte aber nicht nur mit seiner avantgardistischen Ästhetik Furore, sondern auch mit höchst fortschrittlichem Komfort. Heizung, Lift, Badezimmer, all das war nebst dem erlesenen Mobiliar und Dekor seinerzeit der Gipfel des Luxus. Mit dem Spanischen Bürgerkrieg endete die glanzvolle Ära der noblen Herberge. Missglückte Renovierungsversuche setzten dem Gebäude mehrfach übel zu, bis sich schließlich eines der größten spanischen Kreditinstitute seiner annahm. Dessen Stiftung zählt zu den bestdotierten weltweit, sie engagiert sich nachhaltig im Kulturleben Spaniens. Nach mehrjähriger Restaurierung erstrahlte das Jugendstil-Highlight 1993 wieder in voller Pracht und ist heute Teil des UNESCO-Welterbes. Die großzügigen, über drei Stockwerke verteilten Räume bieten seither Platz für abwechslungsreiche Ausstellungen, Konzerte, Filmvorführungen, Lesungen oder Tagungen. Dauerhaft sind Werke des postimpressionistischen Malers Anglada Camarasa zu sehen, der viele Jahre seines Lebens auf Mallorca verbrachte. Temporäre Schauen, darunter mit Werken höchst renommierter Künstler, bieten parallel ein breites Spektrum von Kunst aus aller Welt und diversen Epochen. So waren hier etwa Arbeiten des berühmten Fotografen Sebastiao Salgado zu sehen. 2022 gibt es Ausstellungen zu unterschiedlichsten Schwerpunkten, von Pharao bis Pixar Studios. In der Kunstbuchhandlung im Parterre kann man in imposant voluminösen und aufwendigen Bildbänden und Ausstellungskatalogen blättern. Und nebenan im zum Forum gehörenden Grandhotel-Café herrscht eine stilvoll-gediegene Atmosphäre. Die prächtige Fassade hat man von der charmanten kleinen Straßenterrasse aus in ihrer ganzen Schönheit vor Augen.

TIPP

Mit sehenswerten Jugendstil-Fassaden glänzen auch die Edifici Casasayas gegenüber an der Plaça de Mercat.

● CaixaForum, Plaça de Weyler 3, Palma, Tel. 971 17 85 00
www.laCaixa.es/ObraSocial

FARAÓ
CaixaForum

Schwebend überm Born

10

Die Terrassen des Hotels Can Alomar

Da unten, rund um die von Platanen begrünte Prachtmeile Paseo del Borne – katalanisch: Passeig des Born –, sind die nobelsten und elegantesten Geschäfte der Stadt zu finden. Und wer nach einem inspirierenden Bummel durch dieses gepflegte Viertel eine Pause braucht, hat die Wahl zwischen zig Straßenterrassen, die sich an der Ostseite des Paseo entlangziehen. Die wohl immer noch bekannteste gehört zur Bar Bosch, die es schon seit 1936 gibt. Doch wenn an manchem Morgen gleich mehrere Kreuzfahrtschiffe anlegen und Tausende von Tagestouristen in die Stadt strömen, kann es auf dem Born ganz schön ungemütlich werden.

Da hilft nur die Flucht nach oben: Die beiden Terrassen des Hotels Can Alomar, die zu dessen Restaurant gehören, sind über allem schwebende Refugien, in ihrer Erhabenheit bestens geeignet zu genussvollem Runterkommen. Das denkmalgeschützte Stadtpalais mit der prächtigen neogotischen Fassade, in dem das Fünf-Sterne-Boutique-Hotel beheimatet ist, hat eine lange und bewegte Geschichte: Es wurde im 19. Jahrhundert auf den Fundamenten eines gotischen Palastes aus dem 15. Jahrhundert errichtet, der wiederum im 16. Jahrhundert mit barocken Elementen versehen wurde. Was dieses Haus nicht alles gesehen hat: Ritterspiele und Gerichtsverhandlungen, die man seinerzeit am Born durchführte, das Aufblühen des Paseos in den goldenen 1920ern – und seine erneute Renaissance knapp 100 Jahre später, zu der auch die Sanierung des Can Alomar wesentlich beitrug. Man muss nicht gleich eines der 16 Zimmer und Suiten buchen, um das Haus näher kennenzulernen. Auf einer der beiden Terrassen kann man auch einfach nur einen Kaffee oder ein Glas Wein genießen. Die andere ist dem äußerst empfehlenswerten Restaurant vorbehalten. Sein Name „De Tokio a Lima“ verrät: Hier wird dem Nikkei-Trend mit raffinierten Rohfischzubereitungen gehuldigt. Man kann aber auch einfach nur leckeres Lamm essen, Ibérico-Schwein oder Vegetarisches. Und nach dem Lunch geht es auf dem Born sicher schon wieder sehr viel ruhiger zu.

● Hotel Can Alomar, C/Sant Feliú 1, Palma, Tel. 871 59 20 02
www.boutiquehotelcanalomar.com

Hamam in hübschem Garten

11

Die Arabischen Bäder

Einmal mehr soll der Zufall Geschichte geschrieben haben. So strandete einst ein gewisser Isman Joulani auf seiner Pilgerreise nach Mekka bei Sturm an Mallorcas Küste. Nach der Rückkehr rühmte er die Schönheit der Insel in schillerndsten Farben, sodass sein Herr, der Emir Abd-Allah von Córdoba, nicht lange zögerte und sie 902 seinem Kalifat unterwarf. 300 Jahre herrschten die Mauren dann und brachten Landwirtschaft, Handel, Handwerk und Kultur zu neuer, großer Blüte. Sie legten unter anderem die Weinterrassen von Banyalbufar und die Gärten von Alfàbia an – weitere Zeugnisse der Maurenkultur auf Mallorca, von denen es nur noch sehr wenige gibt. Bei so viel Arbeit brauchten sie natürlich ein bisschen Entspannung, und die fanden sie im Dampfbad. Wie das aussah, davon kann man sich in den Arabischen Bädern ein Bild machen, die noch heute im ältesten Teil Palmas zu finden sind. Auf dem Weg hierher verlieren sich die Touristenströme trotz der Nähe der Kathedrale überraschend schnell. Heute lässt sich nur noch erahnen, was für ein architektonisches Schmuckstück die zwischen dem 10. und dem 12. Jahrhundert entstandenen Bäder einst waren. Im erhaltenen Dampfbad, dem großen, zentralen Saal der Anlage, wölbt sich über zwölf schlanken Säulen und typisch arabischen Bögen eine Kuppeldecke mit sechs kreisförmigen Öffnungen, durch die einst der Dampf entwich und heute stimmungsvoll Licht einfällt. Dampf gemacht hat man sich mit einer Art Fußbodenheizung, bei der heißer Wasserdampf zwischen zwei Schichten von Marmorfliesen zirkulierte. Dass man von dieser fortschrittlichen Badekultur noch einen Eindruck bekommen kann, ist ein kleines Wunder. Denn nach Vertreibung der Mauren wurden deren Bauten fast vollständig zerstört. Der bezaubernd begrünte Garten der Casa Font i Roig, in dem die Bäder liegen, erinnert mit seinen Palmen, Klivien, Orangen- und Zitronenbäumen an die schillernden Geschichten von blühenden Oasen, wie sie Scheherazade einst in Tausendundeiner Nacht erzählte. Märchenhaft!

● Banys àrabs, C/Can Serra 7, Palma, Tel. 637 04 65 34

Meerchenhafter Markt

12 Mercat de l'Olivar I: Die Fischhalle

Mehr aus dem Meer geht kaum. Selbst, wer schon oft an anderer Länder Küsten begeistert vor bestens bestückten Fischtheken stand, wird hier Schnappatmung bekommen. Gleich eine ganze Halle des Mercat de l'Olivar ist allein Fisch und Meeresfrüchten vorbehalten. Über 30 Händler bieten eine überwältigende Auswahl, haben liebe-voll auf Eis drapiert, was das Meer hergibt. Da liegen schlanke, silbrig glänzende Seehechte neben grimmig dreinschauenden Seeteufeln. Da darf man über stattliche Schwertfische oder den Cap Roig staunen, den Drachenkopf, der nicht nur dem Namen nach an ein Fabeltier erinnert. Nicht minder entzückt der Anblick von kapitalem Steinbutt und prächtigem Petersfisch, selbst der rar gewordene Zackenbarsch ist zuweilen noch zu bestaunen. Klare Augen und tiefrote Kiemen bezeugen Frische und Top-Qualität. Es gibt zarte Baby-Kalmare, glänzend weiße Sepien und kiloschweren Oktopus, edle Hummer und Langusten, schwarze Mies-, niedliche Herz- und die länglichen Schwertmuscheln. Die exquisiten Garnelen aus der Bucht von Sóller sind zu leuchtend roten Hügelchen gestapelt.

TIPP
In der Halle nebenan schwelgt man in Fleisch, Wurst, Schinken und Gemüse.

Und selbst eingefleischte Seafoodfans können manche kulinarische Neuentdeckung machen. Wie wäre es mit Seespinne, Taschenkrebs oder winzigen Glasaalen? Die Flossen-, Schalen- und Krustentiere sind knallfrisch oder gefrostet zu haben, manchmal schon vorgegart oder bereits zu delikater Feinkost verarbeitet. Etliche der meterlangen Stände sind in Familienhand – und das teils seit Generationen. Mancher Händler hat einen Fischer in der Verwandtschaft oder gar ein eigenes Boot. Dass bei dem satten Warenangebot nicht alles Meeresgetier in mallorquinischen Gewässern gefangen wurde, liegt auf der Hand. Sattsehen kann man sich hier kaum, eher hungrig werden. Dann geht es auf ein paar (Fisch-)Tapas und ein Gläschen Wein an die traditionsreiche Bar del Peix. Oder auf ein Dutzend Austern oder Sushi an die noch jungen und angesagten Imbissstände nebenan. Eine amtliche Portion Markthallenatmosphäre gibt's überall gratis dazu.

● Mercat de l'Olivar, Plaça de l'Olivar 4, Palma, Tel. 971 72 03 14
www.mercatolivar.com

POR FAVOR
NO TOCAR
EL GENERO

Andächtige Stille in der Stadt

13

Im Kloster Sant Francesc

Warum vor Palmas berühmter Kathedrale Schlange stehen, wenn es noch andere sehenswerte Kirchen und Klöster gibt? Der Convent de Sant Francesc etwa ist reich an Historie – und dabei doch ein erstaunlich ruhiger Ort in der manchmal recht hektischen Inselmetropole. Schon an der großen Plaça, an der er zu finden ist, fühlt man sich weit weg von den klassischen Touri- und Shopping-Routen.
Dominiert wird das Franziskanerkloster, dessen Bau im 13. Jahrhundert begann und sich über mehrere Jahrhunderte fortsetzte, von seiner Basilika, nach der Kathedrale die zweitgrößte Kirche Mallorcas und wohl eine der schönsten. Die sonst zurückhaltend schlichte Fassade schmückt ein prächtiges barockes Portal. Der Kreuzgang im Zentrum der Klosteranlage erscheint mit seinen langen Reihen graziler Pfeiler und eleganten gotischen Kapitellen besonders harmonisch – eine Wohltat für den Betrachter! Der Wandelgang umgibt einen weiten Innenhof mit einem romantischen alten Ziehbrunnen. Zwischen Zitronenbäumen und einer schlanken Zypresse ragt eine Palme gen Himmel. Wer dann in das kühle Halbdunkel der Basilika eintaucht, wird von deren opulenter Ausschmückung überrascht. Konnten die Augen zuvor entspannen, dürfen sie nun auf Entdeckungsreise gehen. Als Erstes fällt der goldschimmernde monumentale Hauptaltar auf. Und dann ist da noch, hoch in die Wand einer Kapelle eingelassen, das alabasterne Grabmal des bedeutenden Mallorquiners Ramon Llull: Der um 1232 in Palma geborene Sohn eines katalanischen Ritters war franziskanischer Theologe und einer der wichtigsten Universalgelehrten seiner Zeit. Er beherrschte mehrere Sprachen und lehrte unter anderem an der Sorbonne. Sehenswert sind zudem das kostbare Chorgestühl, die große Orgel und die Kanzel, von der einst Junípero Serra predigte, der Ordenspriester und Missionar, der später im fernen Amerika die Stadt San Francisco gegründet haben soll. Anders als in der Kathedrale kann man die andächtige Stille der Basilika meist ungestört auf sich wirken lassen.

● Collegi Sant Francesc, Plaça Sant Francesc 7, Palma, Tel. 971 71 61 11
www.santfrancesc.net

Geflochtenes Glück

14 Die Mimbrería Vidal

Nirgends ist es schöner, einen Korb zu bekommen. Und doch – wir wollen es nicht verheimlichen: Das Glück ist hier nicht vollkommen. Schon manches Mal haben wir seufzend vor den ebenso dekorativen wie robusten, aber fürs Fluggepäck leider zu großen Körben gestanden, in die wir daheim doch so gerne Kaminholz, Zeitschriften oder Gärtnerutensilien packen würden. Keine Bange, es gibt dennoch einiges, was mitfliegen darf. In wandfüllenden Regalen drängeln sich Flechtwaren aller Art, von der Fußmatte über den Flaschenkorb bis zum Strohhut. Unzählige Körbe und Taschen in unterschiedlichsten Materialien – Palmblatt, Weide oder Maisstroh – baumeln außerdem dicht an dicht von der Decke. Sie sind naturfarben oder bunt, ganz schlicht oder mit Strickereien und Lederapplikationen verziert. Allein die für den Markteinkauf und Strandgang so beliebte Senalla, bei uns besser bekannt als „Ibiza-Korb", bekommt man in bemerkenswert vielen Größen, und noch viel mehr Geflochtenes wie außergewöhnliche Lampenschirme, entzückende Futterhäuschen und Nistkörbe für kleine Piepmätze, praktische Regal- und Nähkörbe, Hängematten und Bastfächer. Seit über 85 Jahren gibt es den Familienbetrieb, in dem es noch immer ausschaut wie anno dazumal. Früher reihten sich in der Calle Cordería, der Korbmacherstraße, etliche solcher Läden aneinander. Heute ist Vidal der letzte dieser Art in Palma. Vor Ort entsteht heute nur noch Stuhlgeflecht. Viele der Waren kommen dennoch aus traditioneller Herstellung, nämlich aus dem Norden der Insel, wo man etwa in Artà, Capdepera und Cala Ratjada noch immer die Llata, das Kunsthandwerk der Palmflechterei, pflegt. Da sind es vornehmlich ältere Damen, die sogenannten „Ses Madones de sa Llata", die aus den getrockneten Wedeln der auf Mallorca heimischen Zwergpalme die inseltypischen Körbe und Umhängetaschen fertigen. Die sind weit hochwertiger als die Importware auf den Märkten. Und damit ein wunderbares und nützliches Souvenir, ganz original „Made in Mallorca".

● Mimbrería Vidal, C/Cordería 13, Palma, Tel. 971 71 12 43
www.mimbreriavidal.com

MIMBRERIA VIDAL
13
CONECTADA

Die schöne Stille

15 Zum Apéro in der Arabí

Am allerschönsten ist es hier im Sommer zur Apéro-Zeit: Dann sind vor allem junge Einheimische anzutreffen, die bei Bier, Wein und Wermut leise plaudernd den Abend einläuten. Und sind die kleinen, wackeligen Café-Tische alle besetzt, hockt man sich eben auf die Stufen, lauscht dem Straßengitarristen und schaut dem Kellner des Café L'Antiquari beim Flirten zu. Hach! Mittlerweile haben immer mehr Tagestouristen auf ihrer Flucht vor dem Shopping-Rummel an der San Miguel die Calle Arabí entdeckt, und das äußerst fotogene L'Antiquari, Hausnummer 5, taucht häufiger in Reiseführern auf. Trotzdem hat sich die kleine Gasse, die über eine steinerne Treppe in Richtung Ramblas hinabführt, ihren stillen Charme bewahrt. Eingerahmt ist sie von vielen kleinen Tischen: Ein Teil davon schmiegt sich an die Mauer der San-Miguel-Kirche, die die Gasse nach Norden hin begrenzt. Sie gehören, wie auch eine der beiden Terrassen gegenüber, zu besagtem Café L'Antiquari, das so heißt, weil in seinen Räumen einst ein Antiquitätengeschäft zu finden war. Eine Boho-Beauty mit blutroten Wänden, Vintage-Mobiliar, ab und zu Live-Konzerten, Poetry Slams und Performances. Die zweite Café-Terrasse gehört zu einer veritablen Buchhandlung, von jener gut sortierten Art, wie sie vom Aussterben bedroht ist: La Biblioteca de Babel, benannt nach einer Erzählung von Jorge Luis Borges, führt zwar ausschließlich Bücher in Kastilisch und Katalanisch. Aber erstens gibt es hier meterweise üppige Bildbände, in denen man gerne blättern darf, und zweitens eine kleine Bar, an der – drittens – neben Kaffee & Co. vor allem gute Weine aus aller Welt und zahlreiche Spirituosen ausgeschenkt werden. Also: Hier gibt es Hochgeistiges in gedruckter und in flüssiger Form. Denn, so das Motto: „El buen gusto es la fiesta mayor de la inteligencia" – frei übersetzt: Der gute Geschmack ist der Intelligenz wichtigstes Fest. Beide Cafés sind sommers wie winters glücklich machende Rückzugsorte. Aber am allerschönsten ist es hier … siehe oben.

TIPP

Ein noch stilleres Plätzchen unweit der San Miguel und der Calle Arabí ist die Plaça Banc de S'Oli.

- La Biblioteca de Babel, C/Arabí 3, Palma, Tel. 971 72 14 42
www.labibliotcadebabel.es
- Café L'Antiquari, C/Arabí 5, Palma, Tel. 871 57 23 13

ANTIGUEDADES

Kulinarisches Wahrzeichen

16

Ensaimada aus dem Horno Santo Cristo

Sie liegen in jeder Traditionsbäckerei Mallorcas. Und auch in den Gepäckfächern der Flugzeuge, die Palma verlassen. Allein 40 in jeder Maschine, die aufs spanische Festland fliegt, hat die Balearenregierung mal ausgerechnet. Die Ensaimada ist längst mehr als nur eine süße Hefeschnecke: Sie ist ein Kulturgut der Insel, seit 1996 als schützenswertes regionaltypisches Produkt von der EU mit dem Gütesiegel „Denominación de Origen" (Herkunftsbezeichnung) anerkannt und ausgezeichnet. Zum Schutz vor schlechten Plagiaten trug die Balearenregierung 2003 ihr Schärflein bei, indem sie die Zutaten und ihre Prozentanteile im Teig genau festlegte, und wer Ensaimadas verkaufen will, muss sich daran halten. Demnach darf die Ensaimada 60 bis 2000 Gramm – zwei Kilo! – schwer sein; ist sie mit Engelshaar (cabell d'àngel), einer süßen Kürbiskonfitüre, gefüllt, sogar bis zu 3000 Gramm.

Natürlich rankt sich auch der eine oder andere Mythos um die Ensaimada. Wahr ist, dass sie laut Tradition bis zehn Uhr verzehrt sein sollte – das ist wie mit den bayrischen Weißwürsten und dem Mittagsgeläut. Unwahr ist, dass man sich auf Mallorca daran hält: Auch Mallorquiner essen heutzutage Müsli zum Frühstück, und die Ensaimada schmeckt schließlich den ganzen Tag. Noch warm ist sie am leckersten und verdient wahrlich, obwohl sie so fluffig leicht daherkommt, die Bezeichnung „Kalorienbombe", schließlich wird sie mit Schweineschmalz (Saim) gebacken. Was man nicht tun sollte: reinbeißen. Man bricht sich ein Stückchen ab und tunkt es in Kaffee oder, noch besser, heiße Schokolade. Das macht man am besten in einer der traumschönen Traditionsbäckereien, in denen die echte Ensaimada handwerklich nach allen Regeln der Kunst und der Regierung gebacken wird, etwa in den Filialen des Horno Santo Cristo, seit 1910 Ensaimada-Spezialist. Und die Dependance an der Plaça Marqués de Palmer 1 befindet sich zudem in einem Gebäude, das mit einer der sehenswertesten Fassaden der Stadt aufwarten kann. Hier liegt die Ensaimada in bis zu wagenradgroßen Pappschachteln bereit: ein köstliches Mitbringsel für die Daheimgebliebenen – oder auch eine kulinarische Urlaubsverlängerung.

TIPP

Erste Adresse für Ensaimada und heiße Schokolade ist das altehrwürdige Café Ca'n Joan de S'Aigo.

- Horno Santo Cristo, Plaça Marqués de Palmer 1, Palma, Tel. 971 863 162
  www.hornosantocristo.com (mit Online-Shop!)
- Ca'n Joan de S'Aigo, Carrer Can Sanç 10, Palma, Tel. 971 71 07 59
  www.canjoandesaigo.com

HORNO STO CRISTO
ENSAIMADAS

Kohl und kapitale Koteletts

17 Mercat de l'Olivar II: Viktualien-Wonderworld

Am schönsten sind die Obst- und Gemüsestände in ihrer nahezu barocken Üppigkeit. Allein diese Tomaten! Hellrot leuchtend, verlocken und schmecken sie zu jeder Jahreszeit. Das ganze Jahr über gibt es auch Kohl und Kartoffeln – in der traditionellen mallorquinischen Küche ähnlich wichtig wie in der deutschen. Das Gemüse kommt, wie das meiste auf den rund 50 Ständen, von der Insel: das gesunde Grünzeug und die bis nach Skandinavien und England exportierten Erdäpfel aus Sa Pobla, dem Gemüsegarten Mallorcas, in dem dreimal jährlich geerntet wird. Und dann sind da noch all die prall gefüllten Stände mit Käse und Wurstwaren, unter vielem anderen mit inseltypischen Spezialitäten wie Sobrasada und Camaiot sowie vor allem Schinken in unterschiedlichen Qualitäten und Reifegraden. An den Ständen der Fleischer, die ihre Tiere oft noch selbst großziehen, sind neben Rinderkoteletts, neben Filets und Bratenstücken auch Innereien in großer Auswahl zu finden, abgezogene Kaninchen im Ganzen, Schweineohren und -pfoten, manchmal ganze -köpfe. Das ist nichts für zarte Kinderseelen, aber ein Paradies für Hobby- und auch einige der Spitzenköche der Insel, die oft noch selbst hier einkaufen.

TIPP

Frische Marktküche gibt es an diversen Ständen und im Restaurant S'Olivar (Tel. 672 40 06 49).

Wer das jetzt auch tun möchte, steuert vielleicht als Erstes die Cesteria Xamba an und rüstet sich dort mit einem großen Einkaufskorb. Der Stand befindet sich gleich am von Rundbögen überspannten und von zwei Türmen umrahmten Eingang Plaça Olivar, einem von vieren, über den die 1951 eröffnete Markthalle betreten werden kann. Für das Picknick am Strand könnte man etwa Obst, Mandeln, Trockenfrüchte, Oliven, Brot, ein bisschen Schinken und Käse, vielleicht eine Flasche Wein erstehen, am Feinkoststand gibt's aromatische Mitbringsel wie Flor de Sal d'es Trenc. Den Kaffee zwischendurch und ein paar traditionelle hausgemachte Tapas nimmt man, wie die Einheimischen, am Tresen der Bar Paco ein – seit 1952 vor Ort – und lässt die Atmosphäre eines quirligen mediterranen Marktes ganz entspannt auf sich wirken.

● Mercat de l'Olivar, Plaça de l'Olivar 4, Palma, Tel. 971 72 03 14, www.mercatolivar.com

FRUTAS
PIMIENTO TIERNO MALLORCA
FRUTAS
PIMIENTOS ASAR MALLORCA
Mifra

In der Ruhe liegt der Charme

18

Plaça Banc de S'Oli

Kaum zu fassen, dass nur wenige Schritte von der lärmigen Shopping-Meile San Miguel sowie der Trubel-Hochburg Plaça Major entfernt so ein Juwel zu finden ist: ein idyllisches Plätzchen mit einem grünen Mini-Park in der Mitte, eingerahmt von noch nicht schick sanierten, palma-typischen Jugendstilwohnhäusern und bestückt mit einladenden Restaurantterrassen. Auf einer von ihnen lässt sich jeder sofort nieder, der sich hierher verlaufen hat. Denn verlaufen muss man sich, um diesen Platz zu entdecken, in Tour- und Travelguides taucht er nicht auf – noch nicht.

Hier herrscht vor allem eins: Ruhe. Und während man ein Glas Wein trinkt, schlendern Nachbarn vorbei, begrüßen den Wirt, plaudern ein wenig und verschwinden dann in einem der schönen Häuser. Spätestens wenn die Abenddämmerung hereinbricht und die Straßenlaternen das Plätzchen in sanftes Licht tauchen, möchte man auch dort einziehen. Dabei galt die Plaça Banc de S'Oli noch vor wenigen Jahren, wie es die Tageszeitung Diario de Mallorca 2009 formulierte, als Paradigma für einen einstmals exquisiten, dann aber heruntergekommenen Winkel Palmas. Die ihn umgebenden Häuser glichen Ruinen, vor allem das rund 100 Jahre alte Hotel Peru: Lange eine renommierte Herberge, diente es in den Nullerjahren als Arbeitsplatz für jene Damen, die dem ältesten Gewerbe der Welt nach- und rund um den Platz auf Kundenfang gingen. Dabei liebten Freier und Prostituierte ziemlich gefährlich unter einem feuchten Dach, dem der Zusammenbruch drohte. Heute ist das Hotel geschlossen. „Es soll aber bald renoviert werden", erzählte der Wirt des Restaurants Banc de S'Oli 13 schon 2017, bis 2022 war noch nichts passiert. Für uns Besucher bleibt zu hoffen, dass dieser Rückzugs-Glücksort dennoch seinen einzigartigen Charme behalten darf. Der Name des Platzes erinnert daran, dass hier schon im Mittelalter „oli", wie das flüssige Gold auf Katalanisch heißt, an Mann und Frau gebracht wurde.

TIPP

Gut und preiswert essen lässt es sich in allen Restaurants an der Plaça.

● Plaça Banc de S'Oli, Palma

Offenes Meer, schicke Lokale

19

Palma-Promenade II: Portixol

2014 war's, da machte ein kleines Schild Schlagzeilen, das an einem verfallenen Fischerhäuschen angebracht war: „Zu verkaufen, 2 750 000 Euro". Passanten staunten, handelte es sich bei der gebotenen Immobilie doch mehr oder weniger um, nun ja, eine Bruchbude. Ob der Verkäufer den verlangten Preis jemals erzielte, ist fraglich und nicht bekannt. Doch die kleine Anekdote steht exemplarisch für die Entwicklung des ehemaligen Fischer- und Gerberviertels Portixol, die es seit den Nullerjahren genommen hat. Viele der pittoresken Fischerhäuschen, die hier, nur zwei Kilometer östlich von der Kathedrale entfernt, den Meeresrand säumen und sich in frisch renoviertem Glanz präsentieren, waren noch vor wenigen Jahren auch nichts anderes als Bruchbuden. Heute ist Portixol ein quirliges Ausgehviertel, an seiner Hauptschlagader Vicari Joaquim Fuster reiht sich ein Lokal an das andere. Zur Karriere des Viertels hat sicherlich die Renovierung der Promenade beigetragen, die aus der Joaquim Fuster eine attraktive Meile machte.

TIPP

Ein gemächlicher Spaziergang entlang der Promenade in die schöne Ciutat Jardí dauert etwa 30 Minuten.

Flaneure, Jogger, Inlineskater und Radfahrer bieten all denjenigen ein grandioses Schauspiel, die auf einer der Lokalterrassen sonnige Logenplätze eingenommen haben; am Sonntag scheint ganz Palma hier spazieren zu gehen, und das zu jeder Jahreszeit. Gerade im Herbst, wenn vom offenen Meer her ein frischer Wind weht und sich am Himmel ein spannender Sonne-Wolken-Kampf vollzieht, ist es hier besonders schön. Initialzündung für den Wandel Portixols aber war der Umbau des gleichnamigen, einstmals schlichten Hostals in ein schickes Boutique-Hotel, das zur Jahrtausendwende eröffnete: Dessen Restaurant-Terrasse mit ihrem einladend blau schimmernden Pool ist bis heute der attraktivste Ausgangs- und Zielpunkt für einen Spaziergang entlang der Portixol-Promenade. Bei bester mediterraner und asiatischer Küche und einem guten Glas Wein könnte man hier ewig sitzen – und vom Erwerb eines der Fischerhäuschen träumen.

● Hotel Portixol, C/Sirena 27, Palma, Tel. 971 27 18 00
www.portixol.com

PORTIXOL

Frischer Fisch an Seeluft

20

Palma-Promenade III: Ciutat Jardí – die Gartenstadt

Gartenstadt – schon der Name verheißt Sommerfrische und Sonntagsvergnügen. Seit bald 100 Jahren ist dieser Vorort Palmas, rund fünf Kilometer vom Zentrum entfernt, ein begehrtes, weil ruhiges Wohnviertel und beliebtes Ausflugsziel der Hauptstädter. Am gut 450 Meter langen Sandstrand kann man die Füße in den Sand stecken, Sonne tanken und ins erfrischende Nass abtauchen. Auf der Uferpromenade dahinter lassen sich Flaneure, Jogger, Radfahrer und Inlineskater zu jeder Jahreszeit die frische Seeluft um die Nase wehen.
Etliche Lokale von der schlichten Strandbar bis zum schicken Restaurant bieten zu Speis' und Trank einen grandiosen Meerblick. Wer Fisch mag, wird in der Ciutat Jardí besonders glücklich, hat er doch die Qual der Wahl zwischen gleich mehreren, auch bei den Einheimischen sehr beliebten Lokalen. Die meisten von ihnen liegen in den ruhigen Straßen in zweiter Reihe. Auch wenn man dort auf die Aussicht auf das weite Blau verzichten muss: Die gigantische Auswahl an erstklassigen Flossen-, Schalen- und Krustentieren etwa in der Casa Fernando ist so üppig, ihre Präsentation in gläsernen Theken so animierend, dass das Auge auch ohne Meerblick genügend Futter bekommt. Dazu gibt es in diesem traditionellen spanischen Bilderbuch-Fischrestaurant, in dem man unter vielen Mallorquinern sitzt, eine ordentliche Dosis Mallorca-Kolorit.
Beim anschließenden Spaziergang durch die ruhige Siedlung entdeckt man immer wieder hübsche, kleine Villen mit grünen und blühenden Gärtchen. Wie mag die Gartenstadt wohl in deren Entstehungszeit, den 40er-, 50er- und 60er-Jahren, ausgesehen haben? Einen Eindruck davon, wie es hier in den 20ern war, lässt sich im Hotel Ciutat Jardí gewinnen. Der prächtige Art déco-Bau öffnete schon 1921 seine Pforten, nur eine Handvoll Hotels, die sich moderat ins Gesamtbild fügen, folgten ihm. Und auch wenn manches hübsche Sommerhaus Wohn- und Apartmenthäusern weichen musste – der Massentourismus konnte hier keinen Schaden anrichten. Welch ein Glück.

TIPP
Frischen Fisch mit Meerblick gibt es im Restaurante Bungalow direkt am Strand.

● Hotel Ciutat Jardí, Ciutat Jardí, C/Illa de Malta 14, Palma, Tel. 971 74 60 70
www.hciutatj.es

14

Strand-Szenarien

21 Die Terrasse des Restaurante Bungalow

Zum Sonnenuntergang sollte man hier sein. Man sieht die Sonne zwar nicht im Meer versinken, aber die Berge der Tramuntana, hinter denen sie das tut und die selbst von hier aus stets zu sehen sind, färben sich dann rosa- bis orangerot, das Licht wird mild und ganz besonders. Und die hübsche Ciutat Jardí, an deren Strand es an Sommertagen ganz schön quirlig zugehen kann, kommt langsam zur Ruhe. Sonnenanbeter packen ihre Badetücher ein, Mütter die Kinder und die Picknickkörbe, Jogger dehnen ihre strapazierten Beinmuskeln – und zwar direkt an dem Mäuerchen, das die Terrasse des Restaurante Bungalow zum Strand hin begrenzt. „Es gibt viel zu sehen hier", sagen wir angesichts dessen scherzhaft zu der resoluten Mitinhaberin, die uns schon vor 15 Jahren eine Lubina aus der Salzkruste klopfte. „Das ist ja noch gar nichts. Heute Mittag hatten wir gleich hier an der Mauer eine Yoga-Gruppe", antwortet sie – und bricht in schallendes Gelächter aus.
Ja, es gibt viel zu sehen auf der Terrasse des Restaurante Bungalow, vor allem die See und die Bucht von Palma, die sich bei Einbruch der Dunkelheit in ein Lichtermeer verwandelt – dann wird es auch angenehm kühl, und die Einheimischen treffen ein. Man sitzt mit den Füßen fast im Wasser, lauscht dem energischem „Tuut-tuut" der auslaufenden Kreuzfahrtschiffe und genießt die beste Paella der Stadt – sagen die Mallorquiner – oder besagten Salzkrustenfisch, meist Wolfsbarsch. Lecker! Und neben klassischen spanischen Vorspeisen auch viele köstliche Muscheln und Meeresfrüchte. Der Bungalow heißt so, wie er aussieht, strahlend weiß schmiegt er sich zwischen Strand und Promenade. In den 1920ern erbaut, ist es das letzte verbliebene von zahlreichen Sommerhäusern, die hier einst die Wasserkante säumten. In der Vor- und Nachsaison empfiehlt sich im Restaurante Bungalow ein sonniges Mittagessen – Sie müssen ja nicht gleich eine ganze Flasche Rotwein dazu trinken, wie es die Einheimischen tun. Glücklich werden Sie hier ganz bestimmt auch ohne.

● Restaurante Bungalow, Carrer d'Esculls 2, Ciutat Jardí, Palma, Tel. 971 26 27 38

REST
el Bungalow

Wilde Dünen, weites Meer

22 Palma-Promenade IV: Ciutat Jardí und Can Pastilla

Gleich hinter der hübschen und besuchenswerten Ciutat Jardí verwandelt sich die rund 15 Kilometer lange Promenade, die vom westlichen bis zum östlichen Ende Palmas am Meer entlangführt, von einer schicken Flanier- in eine beschauliche Spaziermeile. Schon nach zwei großen Linkskurven tut sich plötzlich – Überraschung! – ein malerischer Hafen auf, die Cala Gamba. Alles ist klein und fein hier: der Hafen selbst, die Boote, die sich in dessen Rund wiegen, die hübschen Wohnhäuser, die die Cala säumen.

Nicht schick, nicht spektakulär, nicht aufgeregt, schon gar nicht hektisch: Hier ist Palma ein anderer, ein beschaulicher Ort. Die wenigen Menschen, die einem begegnen, gehen ihren Alltagsgeschäften nach und scheinen sich kaum um die wenigen Touristen zu scheren, die sich hierher verirrt haben. Kein Wunder, dass so mancher Spaziergänger schon am kleinen Strand der Cala hängen bleibt. Ist aber trotzdem schade: Denn hinter der Landzunge, auf der die Klinik Sant Joan de Déu liegt und die die Cala Gamba nach Süden hin begrenzt, eröffnet sich eine Dünenlandschaft, wie sie auf Mallorca sonst nur in der Bucht von Alcúdia und am Es Trenc zu finden ist. Im Zuge der Promenadensanierung hat man auch diesen Teil für uns Zweibeiner zugänglich gemacht: Über Holzstege und -brücken lässt sich der weiße Sand ganz bequem durchqueren, zahlreiche Bänke und Aussichtspunkte laden zum Verweilen und zum ausgiebigen Genuss des Blicks über das weite Meer vor der Bucht von Palma ein. So viel Natur in direkter Nähe zum Flughafen! Der ist nicht zu überhören, was aber angesichts der landschaftlichen Schönheit das Spaziergängerglück kaum trüben kann.

Gut einen Kilometer lang geht das so, bis auf der nächsten Landzunge der szenige Purobeach Club in strahlendem Weiß anzeigt, dass man nun in die Cala Estancia nach Can Pastilla kommt – und damit schon ziemlich dicht dran ist an jenem Strandabschnitt der Playas de Palma, der als „Ballermann" berühmt und berüchtigt ist.

TIPP

Fahrrad mieten und die Ballermann-Promenade entlangfahren. Einmal muss man schließlich dort gewesen sein.

● Mögliche Startpunkte:

Club Nautico Cala Gamba, Passeig Cala Gamba, Palma, Tel. 971 26 18 49

Purobeach, C / Pagell 1, Cala Estancia, Palma, Tel. 971 74 47 44, www.purobeach.co

Rosen- statt Schinkenstraße

23

Palma-Promenade V: Das Ende vom Ballermann

Nein, mit dem Ballermann geht's noch nicht zu Ende. Obwohl: Die Verantwortlichen setzen alles daran, dem an der Platja de Palma tobenden Party-Tourismus, wie er seit Jahrzehnten Schlagzeilen macht, langsam, aber sicher den Garaus, ihn zumindest sozialverträglicher zu machen. Sangria-Eimer sind längst verboten, Betonbettenburgen werden zu schicken „Adult-only"-Hotels umgestaltet, und die Balnearios haben ein gepflegteres Antlitz bekommen. Trotzdem haben Feierlustige große Teile des sechs Kilometer langen und wohl ursprünglich schönsten mallorquinischen Sandstrandes fest im Griff – zumindest vorerst und im Sommer. Dies ist einer jener Orte, an dem man sich eine Zeitmaschine wünscht: Wie mag S'Arenal 1910 ausgesehen haben, als es ein kleines Fischerdorf mit 37 Einwohnern und sein sandiger Meeressaum noch unberührt war? Im Ortskern kann man es erahnen: Dort stehen einige Gründerzeithäuser aus dem 18. und 19. Jahrhundert.
Doch wir reden hier vom östlichen Ende der Platja, wo an der Calle de las Roses, der Rosenstraße, der Yachtclub von S'Arenal zu finden ist. Wer einen Spaziergang von Bierkönig und Oberbayern hierher unternimmt, dem bietet sich plötzlich ein ganz anderes Bild. Nur einen Steinwurf von der Partymeile entfernt liegt ein ruhiges Wohnviertel: Son Verí Nou. Man kann durch die stillen Straßen wandeln, an denen sich hübsche Häuser und kleine Villen reihen, man kann endlos weiter Richtung Osten am Meer entlanggehen – man kann aber auch einfach gleich hier bleiben. Hinter dem Yachtclub liegt ein kleiner Strand, an dem sich die Viertelbewohner treffen, einen Ball kicken, Picknick machen. An der Rosenstraße liegt auch das Restaurant Las Sirenas, das mit Paella, Fisch und Meeresfrüchten aufwartet. Von dessen Terrasse aus lässt sich die Party-Platja aus gebotener Distanz betrachten, und nach einem guten Essen kann man sich in aller Ruhe überlegen, ob man vielleicht doch noch in das wilde und bunte Treiben S'Arenals eintauchen möchte – oder die Rosen- der Schinkenstraße vorzieht.

● Restaurante Las Sirenas, C/de las Roses s/n, S'Arenal, Tel. 971 44 00 39

Festungs-Feeling und BBQ

24 Der Sea Club im Hotel Cap Rocat

Das Cap Enderrocat war als Teil eines militärischen Sperrgebiets lange ein blinder Fleck auf der Landkarte – bis 2010. Da eröffnete in der auf dem Cap thronenden Festung, die Ende des 19. Jahrhunderts angelegt worden war, ein Hotel: Cap Rocat. Der berühmte mallorquinische Architekt Antonio Obrador hat mit der Umgestaltung der Festungsanlagen seinem Ruf alle Ehre gemacht, Tradition und Moderne, historisch Relevantes und Zeitgenössisches kongenial miteinander verbinden zu können. Das Erhaltenswerte bewahrte er und setzte es auf besondere Weise in Szene: Ein altes Holztor dient als imposante Wanddekoration, aus Gewehrkugeln wurden Türgriffe und aus Kanonenwagen mit Glasplatten darauf Kaffeetische. Und so ist zwischen den meterdicken Festungsmauern eine behagliche Herberge entstanden, luxuriös, aber nicht protzig, stattdessen bestechend schlicht. Das Gourmet-Restaurant des Hauses wirkt wie ein mittelalterlicher Thronsaal, der Pool schimmert verführerisch in einem Festungswall. Die das Hotel umgebende Vegetation wurde so natürlich belassen, wie sie war: Statt künstlich angelegter Zierpflanzen-Gärten bezaubert wild wuchernde Macchia den Betrachter.

Das Beste: Man muss nicht gleich in einer der 24 Suiten logieren, um sich Cap Rocat einmal in aller Ruhe anzuschauen. Man kann auch einfach einen Tisch im Sea Club buchen, dem zweiten Restaurant des Hauses: Das Personal, stolz, hier arbeiten zu dürfen, führt den Gast gern durch das Haus und fährt ihn anschließend mit einem Golf-Caddy über den breiten, von dicken Mauern begrenzten Weg, über den früher die Kanonen ans Meer gerollt wurden, hinunter zu dem Felsplateau, auf dem der Sea Club liegt. Dort eröffnet sich vor den Augen des Gastes ein einzigartiger Blick über die Bucht von Palma – tagsüber ein Traum in Blau, nach Einbruch der Dunkelheit ein glitzerndes Lichtermeer. Und statt teurer Chichi-Küche gibt's Meeresfrüchte, Fisch und Fleisch vom Grill. Dazu noch ein gutes Glas Wein – wo sonst könnte der Mensch glücklicher sein?

● Sea Club im Hotel Cap Rocat, Ctra. Enderrocat s/n, Cala Blava, Tel. 971 74 78 78
www.caprocat.com

Der Südwesten von oben

25 Wanderung Cala Fornells zum Cap Andritxol

Keine Frage, der Südwesten der Insel ist besonders bei Golfern ein hochgehandeltes Reiseziel, liegen hier doch gleich acht Plätze dicht beieinander. Die kurze, leichte Wanderung zum Cap Andritxol aber belegt: Die Region beschert auch jenen, die gern auf Schusters Rappen unterwegs sind, unvergessliche Glücksmomente. Der Startpunkt, die Cala Fornells, ist eine der hübschesten Buchten im Südwesten: Es gibt – im Vergleich zu den Orten drum herum – wenige Bettenburgen, am kleinen Strand lässt es sich von Felsplateaus gefahrlos ins Wasser hüpfen, Kiefern spenden Sonnenbadenden Schatten.

Noch schöner aber ist die Caló d'en Monjo, in der sich Jane Birkin 1981 für den Film „Das Böse unter der Sonne" aalte – und diese „Mönchsbucht" liegt quasi auf dem Weg. Also: Jetzt werden erst mal die Wanderschuhe geschnürt, ein Sonnenhut kann auch nicht schaden, die Sandalen müssen im Auto bleiben, dieses wiederum auf dem Parkplatz etwa 100 Meter oberhalb des Strandes. Los geht's auf einem breiten Schotterweg, der zu besagter Mönchsbucht führt. Wir aber zweigen erst mal halb rechts ab. Der im 16. Jahrhundert errichtete Wehrturm Andritxol rückt ins Blickfeld und gibt die Richtung vor, während der Weg langsam steiler wird. Bei dem großen Privatgrundstück, das man passiert, handelt es sich um das Anwesen, das mal Claudia Schiffer gehört hat. Konditionsstarke steigen nun weiter steil bergan, Genusswanderer wählen alternativ die flacheren Serpentinen, erfreuen sich an Blühendem und Grünendem und immer wieder atemberaubenden Panoramen. Je nach Tempo ist der Turm nach spätestens einer Stunde erreicht.

Die weiteren 500 Meter zum Cap Andritxol sind nicht zu unterschätzen: Man braucht neben angemessenem Schuhwerk auch ein bisschen Trittsicherheit. Immer am Zaun entlang heißt da die Devise. Es lohnt sich: Blicke aus 184 Metern Höhe über den gesamten Südwesten bis zum Cap Blanc, bis zum kegelförmigen Gipfel des 1027 Meter hohen Galatzó und bei klarer Sicht bis hinüber nach Ibiza. Herrlich!

TIPP

Cap und Torre Andritxol sind auch von Camp de Mar aus auf Wanderwegen zu erreichen.

● Parkplatz am Ende der Calle Cala Fornells, Cala Fornells,
MA-19 bis zur Ausfahrt Peguera, dann der Beschilderung Cala Fornells folgen.

Blühende Landschaften

26 Zu Füßen des Galatzó

Er ist einer der im wahrsten Sinne des Wortes herausragenden Gipfel der Tramuntana: Der 1027 Meter hohe Galatzó im Südwesten der Insel ist mit seiner markanten kegelförmigen Silhouette weithin sichtbar. Vielleicht ranken sich deshalb zahlreiche Legenden um ihn, etwa die des „Comte mal": Der böse Graf soll nachts auf seinem schwarzen Pferd über die Berghänge galoppieren. Bei Tage zeigt sich die Landschaft zu Füßen des Berges dagegen mehr als friedlich – mit ihren weiten, blühenden Wiesen sowie Oliven- und Mandelbaumhainen geradezu lieblich, wenn man, von Calvià kommend, auf ihn zufährt.

Später auf dieser kleinen Tour prägen auch Wälder mit Steineichen und den für das Mittelmeer so typischen Aleppokiefern dieses herrlich ruhige Hinterland. Auf dem Weg zum Bergdorf Galilea, das spektakulär am Hang des Galatzó klebt, fährt man zunächst durch Es Capdellà, ein verschlafenes Dörfchen mit steinernen Dorfhäuschen und urigen Fincas. Man passiert das Castell Son Claret, ein Schloss aus dem 18. Jahrhundert, in dem vor wenigen Jahren ein höchsten Ansprüchen genügendes Hotel eröffnet hat. Sein eigentlicher Luxus aber ist seine traumhafte Lage: Ein so ruhiges Refugium in blühender Landschaft dürfte es auf der Insel kaum ein zweites Mal geben. Nach der Fahrt durch sanfte Hügel wird es wieder kurviger, schrauben sich enge Serpentinen Galilea entgegen. Das über 400 Meter hoch gelegene Bergdorf mit dem biblischen Namen thront hoch über der Straße. Von seinem idyllischen Kirchplatz samt Tapas-Bar und Café kann man bis zum Meer sehen – ein erhabenes Gefühl.

Auch das nur vier Kilometer entfernte Puigpunyent ist einen Stopp wert. Wie wäre es mit einem Tee im Son Net, einem traumhaft schönen Boutique-Hotel in Gemäuern aus dem 17. Jahrhundert? Aber auch im Dorfkern gibt es einige hübsche Cafés und Restaurants. So viel Zeit kann sein: Von Puigpunyent aus ist man in gut 25 Minuten zurück in Calvià – oder auch in Palma. Und auch auf dem Rückweg gibt's noch weitere zahlreiche blühende Landschaften zu sehen.

TIPP
Von Puigpunyent noch weiter ins hübsche Esporles mit seiner Platanenallee, Bars und Cafés fahren!

● MA-1031 von Calvià nach Es Capdellà, MA-1032 nach Galilea und Puigpunyent, zurück über die MA-1041 und MA-1016 nach Calvià. Nach Palma geht's vor Calvià links ab auf die MA-1043.

Wo die Sonne schlafen geht

27 Sant Elm, Sa Dragonera, S'Arracó

Die rote Sonne im blauen Meer versinken sehen – das geht am besten in Sant Elm, katalanisch San Telmo, schließlich ist er der am westlichsten gelegene Ort der Insel. Man kann, vom Parkplatz in der Ortsmitte aus, rechts die kleine Promenade entlangspazieren, einen Tisch in einem der direkt an der Wasserkante gelegenen Fischrestaurants entern und den Anblick der sinkenden Sonne bei Muscheln, Gambas oder Fisch in Salzkruste genießen. Oder man packt Badehose und Picknick ein und fährt nach links, bis es nicht mehr geht: In der winzigen Cala Conills bieten große Felsbrocken Logenplätze für das immer wieder bezaubernde Naturschauspiel.

Der Blick auf die vorgelagerte Felseninsel verrät, warum sie Sa Dragonera heißt: Von hier aus sieht sie tatsächlich aus wie ein schlafender Drache, und neben etlichen Seevogelkolonien bewohnen sie auch zahlreiche, friedlich in der Sonne dösende Eidechsen. Seit 1995 ist sie ein Naturpark, der nur von Tagestouristen besucht werden darf, von Sant Elm fahren Ausflugsschiffe hinüber. Sant Elm wiederum ist wegen seines 180 Meter langen Sand- und Kiesstrandes ein besonders bei Familien beliebter Badeort, aber ein vergleichsweise ruhiger und unaufgeregter, mit überwiegend kleinen Hotels und flach gebauten Apartmentanlagen.

TIPP

Im stillen Teil des Südwestens liegt, 20 Kilometer entfernt (MA-10), das Bergdorf Estellencs.

Auf dem Weg dorthin sollte man unbedingt im Dörfchen S'Arracó einen Stopp einlegen, vielleicht auf ein Getränk auf der Terrasse der kleinen Bar Can Guiem Nou, dem Nabel des Dorfes. Nicht wundern, wenn Sie hier auch französische Töne hören und vom französischen Jugendstil geprägte Häuser entdecken: Bewohner S'Arracós wanderten Ende des 19. Jahrhunderts nach Frankreich aus, kamen wohlhabend zurück und bauten sich prächtige Domizile, wie sie nun an der Hauptstraße des Dorfes zu sehen sind, die bezeichnenderweise „Carrer de França" heißt. Nur wenige Kilometer vom schicken und von Touristen eroberten Port d'Andratx entfernt zeigt sich der Südwesten hier von einer ganz anderen Seite.

● Von Andratx aus geht's über die MA-1 oder die MA-10 nach S'Arracó und Sant Elm.

Zwischen Berg und Meer

28

Estellencs

Bergdörfer mit Meerblick wie das berühmte Deià und das in den vergangenen Jahren mehr und mehr von Touristen entdeckte Banyalbufar locken zahlreiche Besucher in die Tramuntana. Wie viel stiller ist es doch da im etwas mehr als 300 Seelen zählenden Estellencs, durch das die meisten, angezogen von den vermeintlich attraktiveren Touristenzielen Deià und Valldemossa, einfach nur durchfahren: Besonders am frühen Morgen und ab dem späten Nachmittag, wenn der Mietwagenstrom so langsam versiegt, kann man sich hier mindestens um ein Jahrhundert zurückversetzt fühlen.

Unternehmen Sie unbedingt einen kleinen – und ganz unangestrengten – Rundgang durch die engen Gassen des Dorfes. Zwischen den dicht aneinandergedrängten Natursteinhäusern begegnet man Einheimischen, für die Palma so weit weg zu sein scheint wie der Mond. Töpfe klappern, Frauen rufen nach ihren Kindern, während ältere Herren vor der Tür gemütlich plaudern – Dorfleben eben. Wer den Weg hinunter zur kleinen wildromantischen Cala nimmt, spaziert vorbei an schon von den Arabern angelegten Terrassen, auf denen Früchte, Mandeln und Oliven gedeihen. In der hübschen Bucht lässt es sich, mit Badeschuhen bewehrt, herrlich schwimmen und schnorcheln, auf Felsen faul in der Sonne liegen oder in der kleinen Strandbar ein Getränk und einen Snack genießen. Der Weg zurück ist steil, aber romantisch.

Wer es bewegungsärmer liebt, der nehme oben im Dorf gleich auf der Terrasse der Cafeteria Vall Hermós Platz, bestelle einen Kaffee oder ein Glas Wein (aber nur eins: Der Rückweg ist serpentinenreich!), ein Pa amb Oli oder Tapas, genieße den Blick sowohl aufs Meer als auch auf den 1027 Meter hohen Gipfel des Galatzó und lasse die dörfliche Atmosphäre auf sich wirken. Und spätestens, wenn die scheppernde Glocke der im 15. Jahrhundert erbauten Pfarrkirche San Juan Bautista die Stunde schlägt, wähnt man sich in einer anderen Zeit.

TIPP

Im Hotel Nord gibt's komfortable Zimmer zwischen typischen Natursteinmauern. www.hotelnord-mallorca.de

● Cafeteria Vall Hermós, C/Eusebio Pascual 6, Estellencs, Tel. 971 61 86 10
www.vallhermos.com

Kaffeehaus-Nostalgie

29 Das Café Colón in Llucmajor

Hoch oben in der prächtigen Fassade prangen in Stein gemeißelt der Name sowie die Jahreszahl 1928. Am Sonntag, wenn draußen auf der Plaça España Markt ist, kann man in dieser geschichtsträchtigen Institution herrlich ins pralle Inselleben eintauchen. Dann trifft sich ganz Llucmajor im Café Colón. Eigens für den Besuch fein gemachte ältere Damen sitzen, die Handtasche auf dem Schoß, einträchtig neben Grüppchen lässiger junger Leute, die eintreffende Freunde mit großem Hallo begrüßen. Betagte Herren debattieren über Gott und die Welt, während der Nachwuchs junger Familien um die Tische tollt. Und Residentes wie Touristen mischen sich nur allzu gern unter die Einheimischen.
In der Woche geht es gemächlicher zu. Dann kann man leichter ein sonniges Plätzchen auf der Straßenterrasse ergattern und drinnen die wunderbare Kaffeehaus-Atmosphäre in aller Ruhe auf sich wirken lassen. Unter den meterhohen, von kunstvoll verzierten Säulen getragenen Stuckdecken wähnt man sich fast wie in einer anderen Zeit. Am besten, man setzt sich vis-à-vis der langen Bar auf die bequeme breite Wandbank und lässt sich, vielleicht zum Frühstück, eines der Bocadillos, der lecker mit Schinken oder Käse belegten Brötchen, schmecken. Oder man wirft einen Blick in die Theke mit den Tapas, die stets eine wechselndes Angebot an ganz frisch zubereiteten, sehr klassischen iberischen Häppchen bietet, darunter Albondigas (kleine Hackfleischbällchen in würziger Sauce), Boquerones (eingelegte Sardellen) oder Ensalada rusa (Kartoffelsalat), marinierte Champignons oder Frito (Geschmortes), das es hier nicht nur mit Innereien, sondern auch in einer Variante mit Meeresfrüchten gibt. Dazu gönnt man sich ein Glas vom süffigen Hauswein oder einen prickelnden Cava – ist beides sehr preiswert. Süßmäuler wird der Kuchen in der Vitrine verführen. Wenn er gerade zu haben ist, sollten Sie auf jeden Fall die Insel-Spezialität Mandelkuchen probieren. Herrlich, so ein Logenplatz in diesem kleinen Dorftheater.

● Café Colón, Plaça España 17, Llucmajor, Tel. 971 10 72 07

17
18
COLÓN 1928
CAFÉ COLÓN 1928

Acht Mühlen auf einem Hügel

30

Das Städtchen Montuiri

Zugegeben, im Vergleich mit den atemberaubenden Panoramen der Tramuntana, den malerischen Buchten und Stränden an rund 550 Küsten-Kilometern und dem pulsierenden Leben Palmas scheint die Inselmitte nicht viel zu bieten zu haben. Ihre Schönheit offenbart sich meist erst auf den zweiten Blick, aber dann umso nachhaltiger. Ihre Anziehungskraft liegt buchstäblich in der Ruhe. Alles geht hier irgendwie einen Gang langsamer. Könnte man diese Gelassenheit nur in Tüten packen und mit nach Hause nehmen!

Es ist herrlich, im Frühjahr durch die sanfte Hügellandschaft mit den blühenden Wiesen zu fahren oder in der Sommersonne auf dem Marktplatz eines der verschlafenen Dörfer zu sitzen, zum Beispiel im bezaubernden Montuiri. Wegen seiner Lage auf einem Hügel und vor allem wegen der acht Windmühlen, die dort in schöner Reihe stehen, ist der Ort, im Übrigen einer der ältesten der Insel, schon von Weitem auszumachen. Erobern Sie das Zentrum mit seinen ruhigen Gassen lieber gleich zu Fuß, denn es ist weitgehend vom Autoverkehr befreit. Ganz typisch für die Städtchen im mallorquinischen Hinterland ist die Kirche, auch hier eine erstaunlich große, die mit ihren imposanten Proportionen die Plaça Major zu ihren Füßen beherrscht. Herrlich gemächlich geht es hier zu, selbst wenn montags Markt ist. Richten Sie dann den Blick aber nicht nur auf Obst- und Gemüsestände und die üppige Pracht beim Blumenhändler, denn auch die alten Hausfassaden entlang der Hauptstraße verdienen Beachtung. Manche schmückt ein stolzes Wappen.

Etwas mehr als zwei Kilometer nordwestlich des Ortes bekommt man in der Ausgrabungsstätte Son Fornés Einblick in Mallorcas frühe Geschichte. Seevölker, die ab dem 14. Jahrhundert v. Chr. auf den Balearen siedelten, hinterließen eigentümliche Bauten. Die dickwandigen Türme aus wuchtigen Bruchsteinen, die Talaiots, gaben einer ganzen Kultur ihren Namen. Mit 17 Metern Durchmesser und einer Höhe von über drei Metern gilt einer der Talaiots hier als der größte und besterhaltene der Insel.

● MA-15 auf halber Strecke zwischen Palma und Manacor

Glückliche Glücksbringer

31 Ferkelchen bei Llubí

Zugegeben, so ein Anblick bietet sich auch auf Mallorca nicht alle Tage. Man muss schon über Land fahren und etwas Glück haben, um so viel Glück und so vielen Glücksbringern zu begegnen. Glücklich sind diese kleinen Ferkelchen, die fröhlich über ihre große grüne Wiese tollen, einander jagen und ihre kleine, idyllische Welt, auf der sie noch nicht so lange zu Hause sind, ganz unbedarft entdecken dürfen. Glücklich sehen auch die Muttersauen aus, die nur wenige Meter entfernt friedlich dösend in der Sonne liegen, stets bereit, die mit fliegenden Öhrchen heranhoppelnden Kleinen mit Muttermilch zu versorgen. Glücklich sind außerdem die Menschen, die diesen Anblick genießen. Kinder sind ganz aus dem Häuschen, wollen die Schweinchen mit Schmatzgeräuschen anlocken, gleich mit nach Hause nehmen und wissen, warum eines schwarz, das andere gefleckt ist. Und auch die Großen finden die Ferkelchen entzückend, wie sie, unbeeindruckt vom zweibeinigen Publikum, leise grunzend ihre Rüssel neugierig über die Wiesenfläche schubbern. Diese kugelrunden Knopfäuglein! Diese Wackelöhrchen! Das Kindchenschema wirkt.

Und doch lassen sich Gewissensbisse nicht vermeiden, zumindest, wenn man erwachsen und Liebhaber guten Schinkens ist. Natürlich behält man sie in so einem Glücksmoment tunlichst für sich. Und wenn der Menschennachwuchs sich einfach nicht vom Schweinenachwuchs trennen will, sollte man keinesfalls versprechen, in den kommenden Tagen noch einmal vorbeizuschauen. Es könnte nämlich sein, dass die kleinen Schweinchen dann nicht mehr da sind. Warum, wieso, weshalb, das wollen wir doch den Kleinen an einem solchen Glücksort nicht erklären. Stattdessen versprechen wir ihnen lieber eine ordentliche Portion Spaghetti, die Caterina Pieras, die Chefin des DaiCa, des besten Restaurants weit und breit, sicher gerne für sie zubereitet. Die Erwachsenen dürfen dann in einem neu-mallorquinischen Sechs-Gänge-Menü für kleines Geld schwelgen (2022: 50/75 Euro). Könnte aber sein, dass es zum Hauptgang Spanferkel gibt.

DaiCa, C/Nou 8 & Farinera 7, Llubí, Tel. 971 52 25 67
www.daica.es

Waschsalon aus alter Zeit

32 Jardí de Sa Font in Pina

Wie das Glück selbst begegnen einem Glücksorte oft ganz unverhofft und überraschend. Etwa bei einer entspannten, eher ziellosen Tour durch die Inselmitte, Motto: Mal schauen, was da so kommt. Man durchquert ein kleines, verschlafenes Dörfchen nach dem anderen, die blühenden Wiesen dazwischen sind die eigentliche Attraktion. Pina ist auch nur so ein Dorf – knapp 600 Einwohner zählt es –, aber es erscheint irgendwie gleich noch hübscher, pittoresker als die anderen. Eine kurvige Ortsdurchfahrt. Und dann, plötzlich, linker Hand: ein Laubengang, dichtes Blätterwerk in Bogenform. Wohin der wohl führt? Also: Mal eben rechts ranfahren und nachschauen.
Der Laubengang führt wie eine Galerie auf ausgetretene Steintreppen zu, über die man hinabsteigt zu einem begrünten Platz, einem kleinen, dicht bewachsenen Park mit Palmen und Trockenmauerbegrenzungen. Darin ein nach vorne offenes Haus mit Rundbögen – was kann das sein? Wir trauen uns näher heran und sehen steinerne, fest ins Mauerwerk verankerte Becken – oder Tröge? Eine Futterstelle für Tiere? Nein, ein Waschhaus ist es – war es. Der Jardí de sa Font, der Quellengarten – so heißt das hier, wie wir später erfahren –, diente früher den Frauen des Dorfes als Waschplatz. Die Quelle sollen schon die Araber genutzt haben, sie ist versiegt. Mal abgesehen von der harten Arbeit – an diesem angenehm kühlen, ruhigen Ort wäre man doch ganz gerne Waschweib gewesen. Wie schön, dass man diesen Quellengarten heute ganz ohne Schufterei genießen kann. Eigens installierte Picknicktische im Laubengang bieten lauschige Plätze mit Aussicht auf das Waschhaus. Der Vollständigkeit halber bliebe noch zu sagen, dass Pinas schneeweiße Pfarrkirche mit angrenzendem Franziskannerinnen-Kloster, benannt nach den zwei Schutzheiligen Sant Cosme i Sant Damià, mit erstaunlich (farben-)prächtigen Fresken von vier Künstlern versehen ist. Auch spannend! Und dienstags ist Wochenmarkt.

● Jardí de sa Font, C/de Sa Font s/n, Pina

Stars der jungen Inselküche

33 Ca Na Toneta

Eine schmale Bergdorfgasse, ein verwinkeltes Häuschen und in jedem Winkel ein gedeckter Tisch: Wer im Ca Na Toneta Platz nimmt, fühlt sich, als sei er bei Freunden zu Gast, ganz privat bei ihnen zu Hause. Und ein Zuhause war die Casa auch: das von Tante Toneta. Nichte Teresa, die hier den Service managt, erzählt gerne von ihr. Teresas Schwester Maria steht derweil in der kleinen Souterrain-Küche am Herd. Ihr Konzept, das inselweit bei Gleichgesinnten Schule machte: Es gibt nur ein Menü, sechs Gänge zu kleinem Preis (2021: 65 Euro). Das Credo, das nirgends so konsequent umgesetzt wird wie hier: Regional und saisonal soll die Küche sein, handwerklich zubereitet. Gemüse, Kräuter und Oliven stammen aus dem eigenen Garten, Fleisch von benachbarten Bauern, Fisch von befreundeten Fischern, sogar das Mineralwasser kommt von der Insel und wird in einer eigenen Anlage gefiltert. Softdrinks sind tabu, mallorquinische Weine zahlreich vertreten. Das ist so seit 2001 – lange, bevor der Trend zur Regionalküche in der Gastronomieszene Furore machte. Maria lernte bei ihrer Mutter traditionelle mallorquinische Rezepte kennen und brachte sie auf zeitgemäßen Stand. Anfangs war das Ca Na Toneta fast nur Einheimischen bekannt, dann brachte es Tim Mälzer ins deutsche TV, und es wurde berühmt. Kurz darauf eröffneten die Schwestern noch einen kleinen Laden im Nachbarhaus, in dem sie außergewöhnliche Küchen-, Tisch- und Wohnaccessoires verkaufen – alles handmade auf Mallorca, versteht sich. Dort wird der Gast empfangen und nimmt seinen Aperitif. Doch im Kern hat sich trotz TV-Ruhms nichts verändert. Das Menü beginnt stets mit einem im Glas servierten Süppchen. Es folgt ein Stück Coca, mallorquinische Pizza, ein Zwischengang mit Gemüse, dann Fisch, Fleisch, Dessert. Die Jahreszeiten bestimmen die Zutaten. Ein genussvolles Essen, liebevoll zubereitet und ebenso serviert. Und eine entzückende Terrasse hat Tante Tonetas Häuschen natürlich auch.

TIPP
Wem es im Ca Na Toneta gefällt, der mag auch das DaiCa in Llubí.

● Ca Na Toneta, C/Horitzó 21, Caimari, Tel. 971 51 52 26
www.canatoneta.com

CA NA

Buntes Frühlingstreiben

34 Blühende Wiesen bei Llucmajor

Hineinlegen möchte man sich in diese blühenden Wiesen. Den Schatten eines Bäumchens suchen, sich ausstrecken, in den blauen Himmel schauen, die Gedanken mit den Wolken ziehen lassen, einen Blumenstängel zwischen den Lippen. Eine herrlich faule Weise, Natur zu erleben, ein intensiver Glücksmoment. Für viele sind die ersten Monate des Jahres die schönsten auf der Insel. Nicht etwa nur, weil es dann angenehm warm, in jedem Fall wärmer als in heimischen Gefilden ist, sondern auch, weil dann alles blüht. Einige kommen bekanntlich eigens wegen der berühmten Mandelblüte nach Mallorca, die, in guten Jahren, etwa die Wiesen rund um Selva in ein rosa-weißes Meer verwandelt. Jedoch: Auch im Frühjahr kann es auf Mallorca ganz schön frisch sein – zu frisch für die Mandelblüte, sodass sie sich verschiebt oder ziemlich mager ausfällt. Zudem macht das Xylella-Bakterium auch den mallorquinischen Mandelbäumen das Überleben schwer. Kein Grund, traurig zu sein: Schließlich wächst, gedeiht und blüht es doch an jeder Ecke!
Zumindest in der Inselmitte. Da öffnen sich im frühen Frühjahr Millionen von Wildpflanzen in Gelb, Weiß, Blau, und auch knallroter Klatschmohn ist zu sehen. Das Gras steht so hoch und wächst so schnell, dass man meint, ihm dabei zuhören zu können. Mit dem Hineinlegen ist es aber nicht ganz so einfach: Viele dieser üppig bunt blühenden Wiesen sind von Trockenmauern umgeben, gehören zu privatem Grund, den man nicht betreten sollte. Man muss ein bisschen suchen, um ein Lümmel- und Picknickplätzchen zu finden wie dieses hier. Aber auch wer nur vorbeifährt oder -wandert: So eine blühende Wiese ist Augenfutter, das der Seele guttut. Und es ist durchaus nicht nur im Frühjahr zu genießen. Selbst nach länger anhaltender sommerlicher Trockenheit reichen oft ein paar Regentropfen, um Wiesen und Blumen wieder aufblühen zu lassen. Und wie sich dann die frischen neongrünen Triebe an den Ästen vor dem tiefblauen Himmel abzeichnen! Kurz: Es muss nicht gleich die Mandelblüte sein.

● Auf der MA-19a (Camino del Cap Blanc) von Llucmajor in Richtung Cap Blanc

Landgut, alles gut

35 Restaurante Sa Torre

Sie werden hören: Sie hören nichts. Stille ist das Erste, was einen auf diesem verträumten Anwesen empfängt. Es stammt aus dem 16. Jahrhundert und ist heute als Finca-Hotel samt Restaurant ein höchst gastliches Refugium: Ein Abend hier ist Entschleunigung pur. Horchen Sie also hinein in die Stille. Der idyllische, von viel Grün umgebene Teich vor dem Landsitz ist dafür ein wunderbarer Platz und in der Abenddämmerung, wenn die Fledermäuse um die stattliche Naturstein-Finca streichen, besonders stimmungsvoll. Aus den Fenstern des Gutshauses strahlt einladend warmes Licht, und in der großen Eingangshalle ist jene dezente Vornehmheit zu spüren, die so typisch für die alten mallorquinischen Landhäuser ist: kein Pomp, kein Protz, stattdessen Ölgemälde und antikes Mobiliar in maßvollem Rahmen. Schließlich steht man im Speisesaal – und staunt: Das ist nun wirklich mal ein Saal! Fast neun Meter messen seine schwindelerregend hohen, von massiven Mauern und dicken Säulen getragenen Decken. Früher lagerte hier Wein. Die mehr als mannshohen hölzernen Fässer sind heute imposantes Dekor in einmaligem Ambiente. Sanft ausgeleuchtet, hat dieser beeindruckende Raum das, was man Atmosphäre nennt. Wäre da nicht das elektrische Licht, man könnte meinen, in einem anderen Jahrhundert gelandet zu sein.

Von Pedro López-Pinto Ivars, Sohn des familiengeführten Hauses, wird der Gast freundlich mit einem prickelnden Cava begrüßt. Er ist der Auftakt zu einem viergängigen Menü – etwas anderes gibt es nicht (inklusive Fisch und Fleisch plus Küchengruß, 2021: 47 Euro). Keine Bange, es wird Ihnen schmecken: Pedros Bruder Victoriano und seine Lebensgefährtin Carme zählen zu den jungen Köchen auf der Insel, die auf der Basis regionaler Zutaten klassische Rezepte zeitgemäß interpretieren: neu-mallorquinische Küche vom Feinsten. Da heißt es nur noch: zurücklehnen und genießen. Bon profit!

TIPP

Der Markt im nahen Städtchen Santa Maria del Camí am Sonntag zählt zu den beliebtesten der Insel.

● Restaurante Sa Torre, MA-3020, Ctra. Santa Maria-Sencelles km 7, Santa Eugènia
Tel. 971 14 40 11, www.sa-torre.com

Durch die wilde Tramuntana

36

Panoramenpiste MA-10

Egal, in welchem Winkel der Insel man Ferien macht: Zumindest für einen Tag sollte man sich einen Mietwagen nehmen und ein Stück der Gebirgsstraße MA-10 entlang durch die Tramuntana fahren, seit 2011 UNESCO-Welterbe: Ein Gebirgszug von 80 Kilometern Länge mit elf Gipfeln, die mehr als 1000 Meter hoch sind. Wo Berg und Meer aufeinandertreffen, da tun sich spektakuläre Panoramen auf, da stürzen scharf gezackte Felsen bis zu 450 Meter senkrecht ins endlose Blau des Mittelmeers.

Zwischen der Kleinstadt Andratx, die sich, anders als ihr Hafen Port d'Andratx, noch fest in einheimischer Hand befindet, und dem legendären Deià ist sie besonders malerisch. Man fährt meist hoch über dem Meer entlang, durch typisch mediterrane Kiefern- und Pinienwäldchen, vorbei an Olivenhainen mit jahrhundertealten knorrigen Bäumen, beeindruckenden Einfahrtstoren, hinter denen prächtige mallorquinische Anwesen zu vermuten sind, und wehrhaften Sarazenentürmen, wovon vor allem der restaurierte und begehbare Wachturm Ses Animes einen grandiosen Ausblick über einen der atemberaubendsten Küstenabschnitte bietet.

Die MA-10 führt durch Bergdörfchen wie Estellencs und Banyalbufar, durch Deià und dann vorbei an Sóller, das man ein Stück weiter den Berg hinauf von einem weiteren Aussichtspunkt von ganz weit oben betrachten kann. Das Meer ist jetzt weit weg, dafür passiert man die Stauseen Cuber und Gorg Blau, die Wasserreservoirs der Insel, die zu Füßen des höchsten Bergs, des Puig Major (1445 Meter), liegen, und das Kloster Lluc. Immer mehr Steineichen prägen das Bild, ab und zu blockieren wilde Ziegen die Straße. Das Meer ist erst wieder zu sehen, wenn es bergab geht: Das Städtchen Pollença rückt ins Visier, dessen Plaça ist ein einladendes Ziel. Und wer vom Weg abkommt, wird mit weiteren Attraktionen belohnt: Valldemossa liegt ebenso am Wegesrand wie das Dorf Fornalutx, mehrfach zum schönsten Dorf Spaniens gekürt – und viele Glücksorte mehr, die wir Ihnen in diesem Buch vorstellen.

● MA-10

Malvasia-Mekka

37 Banyalbufar, Weingarten am Meer

Schon König Jaume I., der 1230 Mallorca von den Mauren zurückeroberte, die es seit 902 besetzt gehalten hatten, soll den mallorquinischen Malvasia besonders gern gemocht haben – was ihn bei Schlachten erheblich motiviert und beflügelt haben dürfte. Ohne die Mauren wiederum hätte es diesen köstlichen Wein auf der Insel vielleicht gar nicht gegeben. Neben Kultur und Wissenschaft brachten sie auch modernen Ackerbau nach Spanien und Mallorca. Die Araber pflanzten die ersten Malvasia-Rebstöcke in Banyalbufar, das sie „buniola al bahar" nannten: kleiner Weingarten am Meer.

Wer sich heute dem hübschen Bergdorf über die zwischen Meer und Berg entlangführende und daher panoramenreiche MA-10 nähert – egal, ob von Norden oder Süden –, dem fallen sofort die gepflegten Terrassenfelder auf, über denen es sich im Halbrund an den Hang schmiegt. Die Felder steigen in weitem Bogen bis zum Meer hinab. Die einen sagen, schon die Phönizier hätten die von Mauern gesäumten Terrassen, Basis eines ausgeklügelten Bewässerungssystems, aus Afrika eingeführt. Die anderen sagen: Auch das war eine Idee der Araber. So oder so: Das System funktioniert bis heute. Gemauerte Kanäle leiten das im porösen Kalkstein der Berge gespeicherte Regenwasser auf die Felder, Zisternen helfen, die trockenen Sommermonate zu überbrücken.

Nachdem die Reblaus 1907 auf Mallorca ihr Unwesen trieb und dem Malvasia in Banyalbufar den Garaus machte, wurde hier fast 100 Jahre lang nur Obst und Gemüse angebaut. Erst Ende der 1990er-Jahre tat sich ein Grüppchen von Wein-Enthusiasten zusammen, ergatterte EU-Gelder, sorgte für wissenschaftliche Unterstützung und gründete eine Kooperative. Und siehe da: Seit Beginn der Nullerjahre wird hier wieder Malvasia an- und ausgebaut. Man kann ihn in den kleinen Läden im Ort erwerben. Wer erst mal probieren möchte, nimmt im Café Bellavista Platz, das seinem Namen alle Ehre macht. Hier wird der Banyalbufar-Malvasia auch glasweise ausgeschenkt und Sie können dazu mediterrane Küche oder köstlichen Kuchen genießen.

● Café Bellavista, C/Comte de Sallent 15, Banyalbufar, Tel. 971 61 80 04

Am ältesten Sarazenenturm

38 Der Talaia de ses Animes

Egal, wie oft man auf der MA-10 schon durch die Tramuntana gefahren ist: Es gibt so manche Kurve, hinter der auch beim hundertsten Mal der Atem stockt angesichts des Panoramas, das urplötzlich ins Visier rückt. Nicht weit hinter dem Weinterrassen-Bergdorf Banyalbufar, auf der Fahrt in Richtung Süden, ist so eine Kurve. Nirgends sonst scheinen die imposanten Felsformationen so tief in das schier endlos scheinende Blau zu fallen – es dürften etliche Hundert Meter sein. Man muss inne- und anhalten!

Am besten am Talaia de ses Animes, dem wahrscheinlich ältesten Wachturm Mallorcas. Er thront auf einem steil aufragenden Felsen 250 Meter über dem Wasser. Als er im 16. Jahrhundert errichtet wurde, dürfte allerdings nicht die berauschende Schönheit der Umgebung, sondern die perfekte strategische Lage eine Rolle gespielt haben. Zu dieser Zeit war die Insel vielfach verheerenden Angriffen durch maurische Piraten ausgesetzt. Von den sogenannten Sarazenentürmen waren herannahende Schiffe früh genug auszumachen, konnten sich Warnsignale – tagsüber durch Rauchzeichen, in der Nacht durch weithin sichtbares Feuer – in Windeseile verbreiten. Insgesamt gehörten einst um die 85 Talaies zum ausgeklügelten mallorquinischen Verteidigungssystem. Rund 50 von ihnen stehen noch heute. Nicht alle sind in so gutem Zustand wie der sorgsam restaurierte „Turm der Seelen". Ursprünglich hieß er Torre des Verger – sein Zweitname geht auf düstere Legenden zurück: Rastlose Seelen sollen sich vor dem Fegefeuer hierher geflüchtet haben. Den Erhalt des Turms verdanken wir – wie so viel Erhaltenes in der Tramuntana – dem Erzherzog Ludwig Salvator. Er erwarb ihn, als die Wachtürme Ende des 19. Jahrhunderts ausgedient hatten und versteigert wurden. Das Wetter muss nicht supergut, die Luft nicht gestochen klar, der Himmel nicht knallblau sein, um diesen wohl fantastischsten Ausblick der Insel so richtig auszukosten – auch wenn Dunst die Küste weichzeichnet, die Landschaft einem Aquarell gleicht, ist er ein Hochgenuss.

● An der MA-10 zwischen Banyalbufar und Estellencs

Silence is sexy

39

Die Ermità de la Trinitat

„Die Grundlage des Einsiedlerlebens sind Buße und Gebet, seine Verzierung ist das Schweigen, sein Schutz der Rückzug und sein Ziel die Einheit mit Gott." So steht es an einer Wand der Ermità de la Trinitat geschrieben, nach diesem Credo leben hier heute noch vier recht betagte Mönche. Und wenn sie einmal nicht mehr sind, stirbt mit ihnen auch ein Orden, den der mallorquinische Eremit Juan Mir im 17. Jahrhundert gegründet hatte. Eine Statue im von Zypressen umgebenen Garten der Ermità erinnert an ihn. Das Leben der Mönche in der Dreifaltigkeits-Einsiedelei heute: Aufstehen gegen vier Uhr in der Früh, Schweigen bis zum späten Abend, 18 Stunden beten – für Menschen des 21. Jahrhunderts unvorstellbar.

Doch für uns, die wir zu Hause meist Tag und Nacht von Geräuschen umgeben sind, genügte schon die Atmosphäre zwischen den jahrhundertealten steinernen Mauern und der Anblick der sie umgebenden grandiosen Natur, um mal die Klappe zu halten, schweigend die Spiritualität des Ortes zu erspüren. Wir mussten angesichts des einmal mehr tief beeindruckenden Tramuntana-Panoramas an den guten alten Goethe denken, der als Pantheist das Göttliche in allen Erscheinungen der Welt sah. Außerdem an Blixa Bargeld von den „Einstürzenden Neubauten", wie er „Silence is sexy" ins Mikrofon haucht. Und an den Erzherzog Ludwig Salvator, zu dessen Ländereien die Ermità de la Trinitat einst zählte. Er kam besonders gern gegen zwei Uhr nachmittags her: „Die guten Einsiedler singen dann unter Harmonium-Begleitung einige Stücke", schrieb er Ende des 19. Jahrhunderts. Diese „Konzerte" müssen in der Barockkapelle stattgefunden haben, die zur Ermità gehört. An Wochenenden soll es hier zuweilen weniger still zugehen, wenn einheimische Familien zum Picknick anrücken. Dabei ist die Anfahrt mit dem Auto gar nicht so einfach: Sie führt zwischen zwei sehr engen Mauern hindurch. Am besten, man stellt den Wagen am Parkplatz des Restaurants Can Costa oder des Hotels Continental ab und spaziert in etwa einer Stunde hierher.

TIPP

Im Can Costa wird gute und preiswerte, traditionelle mallorquinische Küche serviert.

- Ermità de la Trinitat, C/Ermità Joan Mir 5, Valldemossa
- MA-10 Valldemossa – Deià, bei km 70: Die schmale Straße zur Ermità zweigt gegenüber dem Restaurant Can Costa (www.cancostavalldemossa.com) von der MA-10 ab.

Am Loch von Valldemossa

40

Sa Foradada

Sicher, man kann sich das berühmte Loch von Valldemossa auch bequem von ganz oben, vom Mirador de Sa Foradada angucken, der ist schnell angesteuert. Wäre aber schade, denn der leicht zu bewältigende Wanderweg hinab zur gleichnamigen bewaldeten Halbinsel, in deren felsiger Spitze dieses Loch von 14 Metern Durchmesser klafft, bietet „vistas magnificas", fantastische Ausblicke – sagt der junge Einheimische, der mit uns über das verschlossene niedrige Tor am Anfang des Weges klettert. Verschlossen ist es, weil nur Fußgänger hier durchkommen sollen. Das Tor liegt wenige Schritte vom Parkplatz des Mirador entfernt, wo das Auto warten muss, und gleich hinter Son Marroig, dem Herrenhaus des Erzherzogs Ludwig Salvator. Er legte den Weg nach Sa Foradada als Reitweg an, um seine Yacht „Nixe" erreichen zu können, die vor dem löchrigen Felsen ankerte – und seine mallorquinische Geliebte, die er im nahen Landsitz S'Estaca untergebracht hatte.

TIPP
Unbedingt anschauen: Son Marroig, das Herrenhaus des Erzherzogs Ludwig Salvator. www.sonmarroig.com

Romantische Pfade, auf denen wir wandeln, und paradiesisch schöne. Fand wohl auch Michael Douglas, der S'Estaca 1989 kaufte. Der Weg führt zunächst durch uralte Olivenhaine, wo entzückende Eselchen unsere Rucksäcke beschnuppern, dann mit vielen Kehren und Kurven tief hinab, vorbei an Kiefern, Pinien und Felswänden mit bizarren Strukturen. Unten angekommen – netto nach 45, brutto, also inklusive Aussichtsgenussmomenten, nach rund 60 Minuten – leitet er geradewegs ins Sommer-Restaurant Sa Foradada, das mit drei Terrassen-Etagen und einem weithin zu erschnuppernden offenen Holzofen direkt vor dem Loch am Felsen klebt. Die Paella ist lecker und preiswert. Noch weiter unten lädt in zwei steinigen Minibuchten kristallklares, tiefgrün schimmerndes Wasser zu einem Bad. Auf der anderen Seite der Halbinsel, wo zuweilen der Wind pfeift, macht das Meer raubtierartige Geräusche, wenn es mit Wucht in eine Felshöhle schwappt, die der Erzherzog „bufador" nannte – bufar heißt „fauchen". Also bitte: Was ist das alles gegen mal eben aus dem Auto springen und runtergucken?

● Restaurant Sa Foradada, Ctra. Deià – Valldemossa km 6, Deià, Tel. 616 08 74 99
www.saforadada.com

Refugium eines Aussteigers

41

Son Marroig

Sissi war hier! Gleich zwei Mal hat sie Ludwig Salvator von Österreich-Toskana (1847–1915), einen Cousin ihres Gatten Franz Josef und 17. in der habsburgischen Thronfolge, auf seinem mallorquinischen Anwesen besucht. L'Arxiduc (= Erzherzog) Lluis Salvador, wie ihn die Mallorquiner nennen, hatte keine Lust, sein Leben im Nordwesten der Insel, damals mehr oder weniger Wildnis, gegen sein höfisches Zuhause einzutauschen. Wer einmal unter der Kuppel des kleinen Tempels aus Carrara-Marmor den Sonnenuntergang über dem Meer beobachtet hat, kann ihn verstehen. Man möchte die Arme ausbreiten und die Welt umarmen oder einfach losfliegen wie die Mönchsgeier, die weiter nördlich in der Tramuntana bis heute beheimatet sind.

Die Mönchsgeier wiederum hätten den Erzherzog brennend interessiert. Schließlich gilt er als der Entdecker und „Humboldt der Balearen", veröffentlichte er doch ein 6000 Seiten starkes siebenbändiges Werk zu Natur, Kultur und Geschichte der Inselgruppe, für das er auf der Weltausstellung 1878 in Paris mit einer Goldmedaille ausgezeichnet wurde. Die Wissenschaften fand er spannender als Staatsräson und höfisches Treiben: Mit seiner Dampfyacht „Nixe" durchkreuzte er mehrfach das Mittelmeer, forschte und schrieb. Für seine Wiener Zeitgenossen war der stets ärmlich gekleidete „Don Balearos", wie man ihn spöttisch nannte, ein Enfant terrible – die Mallorquiner dagegen verehren ihn bis heute. Er ließ auf seinem Grundstück Wälder aufforsten, Gebäude restaurieren, Plantagen und Aussichtspunkte anlegen, in Palma eröffnete er die erste Herberge für Reisende.

TIPP

In Son Marroig finden im Sommer klassische Konzerte statt. www.dimf.com

Sein traumhaft zwischen Berg und Meer gelegenes, im Renaissance-Stil erbautes Herrenhaus und das benachbarte geschichtsträchtige Kloster Miramar, das er ebenfalls erwarb, sind heute Museen, in denen Erstausgaben seiner Werke ebenso zu bewundern sind wie persönliche Besitztümer. Am schönsten aber ist es, durch den hübschen Garten hinaus zum Tempelchen zu spazieren – und dort die Welt zu umarmen.

● Deià, MA-10 kurz vor Deià, Tel. 971 63 91 58
www.sonmarroig.com
www.deià-mallorca.com/museen

Sands und Chopins Liebesnest

42

Auf dem Platz vor Valldemossas berühmter Kartause

Von Palma hierher führend, steigt die Straße in sanften Kurven ganz allmählich an. Man kann noch so viele Male auf das Städtchen Valldemossa zugefahren sein – sein Anblick bezaubert immer wieder. Wie hingemalt ruht das Städtchen in der Landschaft. Und das Kartäuserkloster ist mit der grün glänzenden Dachhaube seines Kirchturms in diesem Postkartenpanorama nicht zu übersehen. Georges Sand und Frédéric Chopin, die im Winter 1838/39 in der Kartause Logis nahmen, waren schon zu beneiden. Auch Sand geriet bei deren Anblick ins Schwärmen. Er sei „überwältigend", schrieb sie in ihrem Reisebericht „Ein Winter auf Mallorca" und riet „von Selbstgefälligkeit verzehrten Künstlern, sich solche Landschaften genau anzuschauen … sie würden, glaube ich, … eine gewisse Ehrfurcht lernen". Doch wirklich idyllisch war es hier für die beiden nicht. Bei nasskalter Witterung und der spürbaren Ablehnung durch die Einheimischen gestaltete sich der Aufenthalt eher ungemütlich. Die unkonventionelle und scharfzüngige Literatin, die gerne Männerkleidung trug und Zigarre rauchte, schrieb nicht gerade Schmeichelhaftes über die Insulaner.

Denen kann das heute herzlich egal sein. Valldemossa verdankt seine Popularität nicht zuletzt ihr und ihrem Gefährten, und Madame Sands besagtes Werk fehlt in so gut wie keinem Souvenirshop. Angesichts der Besucherströme würde man nun kaum vermuten, ausgerechnet auf der Plaça de Cartoixa, im touristischen Epizentrum des Ortes, ein, zwei glückliche Stündchen verbringen zu können. Ist aber so! Mehrere Lokale mit sonnigen Terrassenplätzen bieten Kartausenblick. Das letzte in der Reihe, aber hier unbedingt erste Wahl, ist das charmante Es Roquissar. Ungeachtet der prominenten Lage bietet es leckere Küche, inspiriert von Rezepten aus aller Welt, und zu sehr sympathischen Preisen. Man kann aber auch einfach bei einem prickelnden Gläschen Cava oder einem kräftigen Kaffee in den blauen Himmel blinzeln. Madame Sand hätte sich hier sicher in aller Ruhe eine dicke Zigarre geraucht.

● Bar & Restaurant Es Roquissar, Plaça de Cartoixa 5, Valldemossa, Tel. 971 61 62 08

Im globalen Dorf

43 Auf einen Tee in der Residencia, Deià

Manche sagen, Deià sei das St. Tropez von Mallorca. Ein hinkender Vergleich. Zwar waren Hollywood-Größen wie Francis Ford Coppola, Tom Hanks und Leonardo DiCaprio, außerdem Kate Moss, Jamie Oliver („Ich mag die Garnelen aus Sóller!“) und richtige Royals wie Lady Di schon hier. Aber einen Jetset-Zirkus wie den an der Côte hat es in Deià nie gegeben. Wieder mal ein VIP im Dorf? Kein Grund zur Aufregung. Schließlich haben sich Berühmtheiten wie Michael Douglas, Andrew Lloyd Webber oder die Strassproduzenten Swarovski gleich in den Bergen in und um Deià Domizile zugelegt. Douglas soll mit Gattin Zeta-Jones, Susan Sarandon und Tim Robbins in Deiàs Kult-Dorfkneipe Sa Fonda mal ziemlich abgestürzt sein. Promis gehören in Deià zum Alltag. Wenn sie hier Ferien machen, dann im Fünfsternehotel La Residencia, das Mitte der 1980er der deutsche Architekt Axel Ball schuf, indem er zwei Landgüter aus dem 15. und 16. Jahrhundert zusammenlegte. 1987 übernahm Richard Branson die luxuriöse Herberge – noch so ein VIP. Bis er 2002 das Hotel verkaufte, waren zahlreiche Stars und Sternchen in der Residencia zu Gast. Leider geht der ursprüngliche mallorquinische Charme, der zu Bransons Zeiten noch gepflegt wurde, nach weiteren Inhaberwechseln langsam verloren. Doch manches Gute ist geblieben: Das Restaurant El Olivo etwa, eines der stimmungsvollsten der Insel, und sein mallorquinischer Küchenchef Guillermo Méndez, der hier seit Ende der 1990er am Herd steht. Und die Scones, die zur Tea-Time im Café Miró zu Earl Grey, Orange Pekoe & Co. stilvoll aus klassischem Silber eingeschenkt, neben mallorquinischem Mandelkuchen gereicht werden. Weibliche Gäste erscheinen in Outfits, die an jenes erinnern, das Jane Birkin in „Das Böse unter der Sonne“ trug: riesiger Stroh-Sonnenhut, fröhlich bedruckte luftige Flattergewänder. Gibt's im Hotel zu kaufen. Übrigens: Der Film wurde zu großen Teilen auf Mallorca, einige Szenen in Deià gedreht. Es gibt eben kaum fotogenere Orte in Europa.

● Hotel Belmond la Residencia, Son Canals s/n, Deià, Tel. 971 63 90 11
www.belmond.com/de/la-residencia-mallorca

Miró

Ein frühes Bad im Meer

44 Cala Deià

Als die BBC 2015 John le Carrés Roman „The Night Manager" verfilmte, verlegte sie die Teile der Handlung, die im Buch in der Karibik spielen, kurzerhand nach Mallorca. Im Restaurant Cas Patro March, einem von zweien in der malerischen Bucht von Deià, schuftet die Hauptfigur Jonathan Pine, verkörpert vom smarten Tom Hiddleston, als Koch und muss sich von zwei Schergen windelweich prügeln lassen. Und die schöne Elizabeth Debicki tanzt dazu als Schurken-Geliebte Jed in transparenten Gewändern auf der Terrasse. Schnitt.

Ein früher Morgen im Hochsommer. Noch ist es nicht so heiß, doch die Grillen sind schon wach. Der asphaltierte Weg, der zwei Kilometer lang in engen Kurven von der MA-10 zur Bucht von Deià hinabführt, ist von hübschen Sommerhäusern und zahlreichen Kiefern gesäumt und am Ende, dort, wo es nur noch zu Fuß weitergeht, von am Wegesrand ordentlich aneinandergereihten kleinen Booten. Und schon ist man in dieser schmalen Kiesstrand-Bucht zwischen hohen Felsen – und noch ganz allein. Im Hochsommer, zur Hauptsaison! Hinten, am Ende des etwa 200 Meter langen und fjordartigen Canyons, wiegt sich vielleicht ein schnittiger Segler im Wind, eine kleine Motoryacht.

Das Cas Patro March, eigentlich eine bessere Strandbude, mit viel Holz hübsch in den Fels gehauen, liegt linker Hand. Noch lässt sich kein Gast auf dessen Terrasse mit Fisch und Meeresfrüchten verwöhnen. Aber die Sonne hat es um diese Jahreszeit schon über den Felsen geschafft. Jetzt endlich schwimmen! Die Bahn im Natur-Pool ist lang, das Wasser kristallklar, man darf gefahrlos ganz weit raus, sogar bis dorthin, wo der Felseinschnitt ins offene Meer übergeht. Spätestens beim einsamen Bad am Morgen fühlt man sich hier so erhaben wie die tanzende Debicki auf der Restaurant-Terrasse. Bis dann all die anderen kommen. Und die kommen, in Scharen, es dauert nicht mehr lang. Zeit zu gehen. Morgen, in aller Frühe, lässt sich der Zauber der Bucht von Deià, dem schon so viele erlagen, wieder neu erleben.

- Restaurant Cas Patro March, C/Sa Cala 16, Cala Deià/Deià, Tel. 971 63 91 37

Letzte Ruhe mit Aussicht

45

Auf dem Friedhof von Deià

Francisco Colom Coll, geboren 1914, gestorben 2010, und seine Frau Maria Marroig Coll, geboren 1914, gestorben 2004, müssen glückliche Menschen gewesen sein. Auf dem Foto, das ihren Grabstein ziert, hält Francisco seine Frau fest im Arm. Das Paar war schon recht betagt, als dieses Porträt aufgenommen wurde. 96 und 90 Jahre alt sind sie geworden, leben und sterben durften sie an einem Ort, den zahlreiche Reisende aus aller Welt zu ihrem neuen Zuhause machten: in Deià, diesem traumhaft schönen Dorf zwischen Berg und Meer. Ein erfülltes, glückliches Leben. Zumindest stellen wir uns das, als Betrachter ihres Grabsteins, so vor. Vielleicht aber war alles ganz anders. Vielleicht hatten sie Schicksalsschläge, Krankheiten, harte Arbeit zu bewältigen – wer weiß.

Maria und Francisco waren Teenager, als Deià in den 1920er-Jahren von Künstlern und Schriftstellern entdeckt wurde, was dem Ort das Attribut „Künstlerdorf" einbrachte. Schon 1927 soll Ulrich Leman, 1885 in Düsseldorf geboren, 1988 in Deià gestorben und begraben, Maler des Rheinischen Expressionismus, Mitglied der Künstlergruppe „Das junge Rheinland", das erste Mal hier gewesen sein – zusammen mit der „Künstlermutter" Ey. 1930 erwarb er ein Haus, noch vor Robert Graves, dem berühmten Schriftsteller, dessen 1932 erbautes Deià-Domizil heute ein Museum ist und der als Magnet für all die Künstler gilt, die ihm folgten.

Graves und Leman, Maria und Francisco und viele Deianer mehr, hier Geborene und hier Gebliebene, liegen auf diesem Friedhof begraben, am höchsten Punkt des Dorfes und im Schatten der Kirche San Juan Bautista, mit dem schützenden Gebirge im Rücken und dem herrlichen Blick aufs endlose Meer auf ewig vor Augen. Ein Blick, den auch der Besucher, auf dem Friedhofsmäuerchen sitzend, in den Bann nimmt. Da erscheint es ihm gar nicht mehr erstaunlich, dass viele, die hier lebten, sehr, sehr alt wurden. Ulrich Leman schaffte sogar 102 Jahre. Er hatte, wie so viele andere, in Deià seinen Glücksort gefunden.

TIPP

In der Kirche San Juan Bautista finden im Sommer klassische Konzerte statt. www.ensembletramuntana.com

● Friedhof von Deià, C/del Pintor Sanjuán s/n

Ava Gardner im Garten

46 Im Haus von Robert Graves

Man muss weder Robert Graves noch sein umfangreiches Werk kennen, um Spaß an der Besichtigung seines Hauses zu haben. Der britische Schriftsteller (1895–1985) kam 1929 zum ersten Mal nach Deià – und blieb. Weshalb, das beschrieb er in seiner Autobiographie „Goodbye to all that". Neben dem Trauma des Ersten Weltkriegs war demnach die falsche Moral der britischen Gesellschaft der wesentliche Grund für seine Flucht aus England, auch eine gescheiterte Ehe und eine neue Liebe – Motivationen, die denen heutiger Aussteiger gleichen. Richard Graves zog das einfache Leben eines mallorquinischen Bauern dem eines Elfenbeinturm-Literaten vor.
In seinem Haus in Deià mit dem großen Nutz- und Ziergarten ist alles so, als wäre er noch da. Da liegen in der Diele gebügelte Hemden bereit, die Betten in den Schlafzimmern sind frisch bezogen, und die fincatypische kleine Küche wirkt so intakt, als könne er jeden Moment hereinkommen. In seinem Arbeitszimmer liegen Stift und Brille bereit, als habe er sich nur kurz von einem noch fertig zu redigierenden Manuskript entfernt. Einige seiner wichtigsten Werke sind hier entstanden. Auch die Druckpresse ist zu sehen, mit der er eine Zeit lang Bücher von Hand fertigte. Und wer ihn hier alles besuchte: die Schriftsteller Kingsley Amis, Alan Sillitoe und Gabriel García Marquez, die Schauspieler Alec Guinness und Peter Ustinov, Sir T. E. Lawrence alias Lawrence von Arabien, dessen Biographie Graves schrieb – und Ava Gardner, mit der er, so heißt es, „nur" befreundet war. Dennoch hatte er unruhige Nächte, wenn sie in seinem Haus schlief, wie er in dem ihr gewidmeten Gedicht „Not to sleep" beschrieb. Sein Haus wurde zum VIP-Treff, Deià auch durch ihn das globale Dorf, das es heute ist. Graves wurde 90 Jahre alt, er ist auf Deiàs Friedhof an einem Ehrenplatz gleich vor der Kapelle begraben. Name und Daten sind, wie es hier lange üblich war, nur mit der Maurerkelle in den schlichten Grabstein geritzt.

● Can Alluny, Ctra. Deià – Sóller s/n, Deià, Tel. 971 63 61 85
www.lacasaderobertgraves.org
www.fundacionrobertgraves.org

Route der Trockensteinmauern

47 Wanderung von Sóller nach Deià

Grandiose Berglandschaft, hinreißende Blicke auf das Meer – Mallorca ist ein Paradies für Wanderer. Ambitionierte Gipfelstürmer werden hier ebenso glücklich wie all jene, die es lieber ruhiger angehen möchten. Die Wege durch die Tramuntana führen durch sanfte Täler und über schroffe Felshöhen, in malerische Dörfer und Buchten. Eine vergleichsweise bequeme Wanderung, für die man weder schwindelfrei, trittsicher noch besonders trainiert sein muss, verbindet zwei der schönsten Orte der Insel. Sie ist eine Etappe des Fernwanderweges GR 221, der sogenannten Route der Trockensteinmauern. Sie schützen über viele Kilometer alte Verbindungspfade oder stützen schon seit Jahrhunderten die zum Wein-, Obst- oder Olivenanbau angelegten Bergterrassen. Sie zeugen davon, wie sich der Mensch dieses Gebirge urbar machte, und sind einer der Gründe dafür, dass es zum UNESCO-Welterbe erklärt wurde.

In Sóller gleich gegenüber der einzigen Tankstelle an der MA-11 geht es los. Dort zweigt ein Sträßchen ab, dem man einfach nur folgen muss. Bald belohnt ein großartiger Blick zurück auf die Stadt für den Anstieg. Und dann hat man rund zweieinhalb Stunden nur noch traumhaft ruhige Landschaft um sich herum, ab und an schauen am Wegesrand Schäfchen neugierig auf. An der Finca Son Mico gibt es Gelegenheit für ein Päuschen mit frisch gepresstem Orangensaft. Danach verläuft der Camí de Castelló, der alte Pilgerweg nach Deià, parallel zur Küste. Mal ist er von dichtem Grün gesäumt, mal eröffnet er eine fantastische Aussicht auf das azurblaue Meer, das weit unten vor die Felsen brandet. Hier oben sind Häuser und Gehöfte zu entdecken, die von der weiter unten gelegenen Straße kaum zu erahnen, geschweige denn zu sehen sind. Kurz vor Deià durchquert man einen Hain mit dicken, knorrigen Olivenbäumen. Sie standen hier, lange bevor das schmucke Bergdorf zum Ziel von Künstlern, Promis und glücklichen Wanderern wurde. Zurück nach Sóller geht es mit dem Bus oder, weil es so schön war, noch mal auf Schusters Rappen.

● Startpunkt für die Wanderung: Abzweig gleich gegenüber der Repsol-Tankstelle an der MA-11, Sóller

Tradition statt Trends

48

An der Luna

Es gibt bekanntlich viele Gründe, sich das zwischen hohen Bergen malerisch ins „Vall dels Tarongers“, das Orangental, eingebettete Städtchen Sóller anzuschauen, eines der schönsten der Insel. Sein touristisches Herz schlägt an der quirligen, von Jugendstil-Bauten gesäumten und von der Kathedrale mit Gaudì-Schüler-Fassade dominierten Plaça, über die auch die Straßenbahn nach Port de Sóller quietschend rumpelt. Hier angekommen, in einem der zahlreichen Cafés vor einem frisch gepressten Saft aus Sóller-Orangen sitzend, könnte man meinen, man habe schon alles gesehen.

Doch was ist ein Herz ohne Hauptschlagader? Die Calle de sa Luna, die „Mondstraße“, die von der Plaça abzweigt, ist eine der spannendsten Shopping-Meilen der Insel. Nicht etwa, weil trendige Designermode oder Tourismus-Tinnef das Bild prägen – ganz im Gegenteil: Hier findet man viele traditionelle Geschäfte, wie es sie bei uns schon lange nicht mehr gibt. Einen klassischen Eisenwarenladen etwa: die Ferreteria Can Bibi, seit den 1970ern vor Ort. Oder die Fleischerei Can Matarino, die Patés und Sobrasada, die typisch mallorquinische Paprikastreichmettwurst, selber herstellt – hausgemacht, made in Sóller. Regionale Produkte werden an der Luna hoch gehandelt, nicht nur, was Lebensmittel wie Wurstwaren, Olivenöl, Mandeln, Salz, Wein, Obst und Gemüse betrifft, wie sie auch in den drei Colmados angeboten werden, die mit hübsch drapierten Obst- und Gemüsekisten locken. Nein, hier bekommt man sogar Schuhe, die in Sóller produziert werden: In der Fábrica de Calçat Mallorquí, Hausnummer 74, werden sie von Hand gemacht und mit Sohlen aus recycelten Autoreifen versehen. Die aus Leinen und Leder gefertigten hätten selbst dem großen Gatsby einen schicken Fuß beschert. Es gibt sie auch im Ca's Sarrier, seit 1916 vor Ort und seither immer in der Hand derselben Familie. Im hinteren Teil der Luna regieren Kunst und Kunstgewerbe mit unter anderem Goldschmiedearbeiten und Grafiken. Lang lebe und länger werde die Luna!

TIPP

Die beste Adresse für die Shopping-Pause ist das Café Scholl in der Seitenstraße Victòria 11 Maig 9, Sóller.

● C/de la Luna, Sóller

SA BOTIGA DE CAN CREUETA

Süßes in der Seitenstraße

49 Café Scholl, Sóller

Kaffee oder frisch gepressten Orangensaft trinken, vielleicht ein Stück typisch mallorquinischen Mandelkuchen essen, das macht an Sóllers quirliger Plaça, an der es viel zu gucken gibt, nicht immer Spaß. Denn so malerisch diese Plaça auch ist: Manchmal ist sie doch ein bisschen zu quirlig, und das eine oder andere Lokal entpuppt sich – man muss es leider sagen – als Touristenfalle. Die Alternative liegt nur wenige Schritte entfernt die Einheimischen-Einkaufsstraße Luna hinunter und dann die zweite links. An der Ecke steht meist schon eine Tafel, auf der von Hand die Tagesgerichte angeschrieben sind, die das Café Scholl anbietet, etwa Quinoa-Salat oder Pasta.

Schmeckt superlecker, aber es sind vor allem die „tartas caseras de estilo alemán", die hausgemachten Kuchen im deutschen Stil, die hier hübsch dekoriert in der Vitrine locken. Da gibt's auch schon mal Kirsch- oder Pflaumenstreusel – neben mallorquinischem Mandelkuchen, versteht sich. Die bestellte Zitronen-Merengue-Torte bringt die junge fröhliche Bedienung mit zwei Gabeln an den Tisch, ohne dass wir danach gefragt hätten. „Ich kenne das doch: Einer sagt immer, ich will keinen Kuchen. Dann kriegt er ein kleines Probierstück vom anderen und will sofort noch mehr. Warum soll ich da nicht gleich zwei Gabeln auf den Teller legen?" Recht hat sie, manchmal muss es dann auch noch ein zweites Stück sein, heute etwa „diese Torte mit den Walnüssen, bitte". Hüftgold, ja, aber hey: Schließlich haben wir Urlaub. Sagten wir schon, dass dieses Café eines der hübschesten der Insel ist? Ein bisschen Wiener Kaffeehaus mit Bugholzstühlen und biedermeierähnlichem Sofa, gewürzt mit einer Prise Jugendstil – schließlich sind wir in Sóller – und ein bisschen Barock. Und dann ist da noch dieser hübsch begrünte Patio!

● Café Scholl, C/Victòria 11 Maig 9, Sóller, Tel. 971 63 23 98

Mit Zitronen gehandelt

50 Can Prunera und der Jugendstil in Sóller

Joan Magraner handelte mit Zitronen. Und anders als das Sprichwort suggeriert, tat er das mit großem Erfolg. Immerhin konnte er es sich leisten, zwischen 1904 und 1911 an Sóllers Luna ein prächtiges Wohnhaus aus mallorquinischem Sandstein in französischem Jugendstil zu bauen. Von einer Stiftung zum Museum umgewandelt, zeigt Can Prunera seit 2009 in restaurierter Pracht bis ins Detail (und ins Schlafzimmer), wie ein wohlhabender Einwohner Sóllers damals wohnte, und zählt zu den bedeutendsten Zeugnissen des Jugendstils auf der Insel.

Magraner war ein typischer Sólleric jener Zeit: ein Fruchthändler, als solcher in Frankreich zu Geld gekommen und dort dem Charme des Art nouveau erlegen. Die von jeher engen Verbindungen zwischen den tüchtigen, wirtschaftlich stets umtriebigen Sóllerics und Frankreich nahmen im 19. Jahrhundert noch mehr Fahrt auf, als Revolutionsflüchtlinge Orangenplantagen rund um Sóller anlegten und ihre Ernte nach Südfrankreich verschifften. Die Sóllerics taten es ihnen bald gleich – schließlich war es damals einfacher, die sonnengereiften Zitrusfrüchte aus dem geschützten Naturhafen Sóllers ins Ausland zu transportieren als um die zugige Ecke nach Palma, das ja weit hinter den unüberwindbaren Bergen lag.

Mitte des 19. Jahrhunderts kam die Orangenpest nach Mallorca, und wieder hieß es für die Sóllerics, von vorne anzufangen: Sie schickten ihre Söhne ins Ausland, die meisten nach Frankreich, damit sie dort ihr Glück und Geld machen sollten. Es funktionierte: Der neue Reichtum manifestierte sich bald in zahlreichen Unternehmensgründungen sowie repräsentativen Domizilen, die sich die Rückkehrer bauen ließen, ganz fortschrittlich mit Strom, Gas und Wasser aus der Leitung, die meisten im Jugendstil. Was erklärt, warum Sóller uns heute in seinem Kern so überaus französisch vorkommt. Die Bürger Sóllers gründeten sogar eine eigene Bank, deren Gebäude, ebenfalls lupenreiner Jugendstil, der Gaudí-Schüler Juan Rubió schuf, wie auch die Fassade der San-Bartomeu-Kirche nebenan.

TIPP

Im Can Prunera sind Arbeiten von unter anderem Picasso, Miró, Kandinski, Klee und Giacometti zu sehen.

● Can Prunera, C/de la Luna 86–90, Sóller, Tel. 971 63 89 73
www.canprunera.com

Made in Sóller

51 Kühles Eis im warmen Orangental

Sie sind kleiner und nicht so glatt wie die Hochglanzfrüchte aus unseren Supermärkten – aber so was von saftig! Vom Aroma ganz zu schweigen. Im Schutze der Tramuntana und im speziellen Mikroklima des warmen „Vall dels Tarongers" reifen gut 20 Sorten der berühmten Sóller-Orangen. Manche von ihnen, wie die süße Saftbombe namens „Canoneta", gedeihen überhaupt nur hier. Und so zergeht einem Eis aus Sóller-Orangen besonders köstlich auf der Zunge. Da bei ihrem Anbau Chemie tabu ist, können alle Teile der ganz und gar naturbelassenen Früchte verarbeitet werden: Neben reichlich Saft sind noch Stückchen vom Fruchtfleisch und der Schale sowie ein guter Schuss echter Sahne darin. Ein Besuch in Sóller ohne ein zart schmelzendes Eis bei Sa Fàbrica de Gelats geht eigentlich kaum. Aber Achtung: Es besteht Suchtgefahr. Neben Orange gibt es natürlich noch andere verführerische Sorten. Probieren Sie mal Feige, das tiefdunkle Schoko-Eis, das herrlich erfrischende Zitroneneis oder das aus den köstlichen mallorquinischen Mandeln.
Mit der Eisfabrik fing es an – heute gibt es von „Gemacht in Sóller" ganz viel feine Kost wie Konfitüre, Olivenöl und Essig. Durch die Verwertung sowie den Export hat Fet a Sóller der Orange zu neuen Ehren verholfen. Einst brachte die anderswo heiß begehrte Südfrucht den Sóllerics großen Wohlstand. Unzählige Schiffsladungen verließen den Hafen von Sóller vor allem in Richtung Frankreich. Dann kam erst ein fieser Schädling, später Konkurrenz durch riesige Plantagen auf dem spanischen Festland. Als man schließlich mit dem Tourismus mehr als mit der mühseligen Ernte der Früchte verdiente, ließ man sie achtlos unter den Bäumen verfaulen. Diese Zeiten sind vorbei. Auf der Finca Ecovinyassa, einem der paradiesischen Zitrusgärten, aus denen die süßen Früchtchen fürs Eis kommen, kann man sehen, wie sie heute gehegt und gepflegt werden. Seit Sommer 2017 ist auch die Eisfabrikation zu besichtigen. Und überall liegt der herrliche Duft von Orangen und Zitronen in der Luft.

- Sa Fàbrica de Gelats, Plaça der Mercat s/n, Sóller
- Fet a Sollér ist mit zahlreichen Dependancen rund um das Städtchen vertreten. www.fetasoller.com
- Ecovinyassa, Ctra. Fornalutx, Camí de sa Vinyassa 3, Sóller, Tel. 615 17 27 50, www.ecovinyassa.com
- Eismanufaktur, C/Cristofol Quitana Colom 1, Sóller

Orange "Ortanique"
1kg / 1,30€

Hinreißendes Hafenrund

52

Im Hafen von Sóller

Oben, am weithin sichtbaren Leuchtturm, der vom hoch über dem Meer aufragenden Cap Gros grüßt, muss man gewesen sein. Nicht allein wegen der frischen Brise, die einem hier auch an heißen Tagen um die Nase weht. Sondern auch wegen der grandiosen Aussicht auf den Hafen von Sóller, den einzigen Naturhafen an der spektakulären Nordwestküste, für viele der schönste der Insel. Das weite Rund der Bucht vor dem imposanten Bergpanorama der Tramuntana – das ist einfach hinreißend. Man kann über die Hafeneinfahrt und die Marina hinweg bis hin zum Puig Major, dem höchsten Berg Mallorcas, schauen.
Und dann: runter und rein nach Port de Sóller, das sich in den letzten Jahren mächtig rausgeputzt hat. Der Autoverkehr wurde von der Promenade verbannt, direkt an der Wasserkante darf allein die über 100 Jahre alte Straßenbahn entlangrumpeln, die zwischen dem Hafenstädtchen und dem wenige Kilometer entfernten Sóller pendelt. Und so spaziert man nun mit großem Vergnügen an der Flaniermeile mit ihren vielen neuen Geschäften und Restaurants entlang. Bummeln Sie bis zu den Hafenanlagen am Ende der Promenade, wo man von den sonnigen Terrassen etlicher Cafés die schaukelnden Boote im Visier hat. Auch wenn es rund um die Bootsstege nun schick aussieht, legen hier nach wie vor auch Fischer an. Und die bringen mitunter einen besonderen Fang mit: die berühmten Gambas de Sóller, die man schon an ihrem kräftigen Rot erkennt – Krustentiere der Extraklasse, die Seafood-Liebhaber sich nicht entgehen lassen sollten, auch wenn sie ihren Preis haben.
Heute beliebter Urlaubsort, war Port de Sóller schon zu römischen Zeiten ein wichtiger Handelshafen. Später wurden von hier Orangen verschifft, die noch immer im fruchtbaren Tal rund um Sóller in großen Mengen gedeihen. Der Import nach Frankreich bescherte den Sóllerics erheblichen Wohlstand. Natürlich mussten sie ihren Hafen immer wieder gegen Angreifer verteidigen. Noch heute erinnert alljährlich ein großes Fest daran.

TIPP
Den besten Rundumblick zu Speis und Trank bietet das Restaurant Suculenta. www.suculentaportdesoller.com

● Port de Sóller, von Sóller aus führt die MA-11 in den Ort.

Zwei Welten

53 Fornalutx

Eines sollten Sie nicht tun: tagsüber herkommen. Von vormittags bis zum frühen Abend könnte man den Eindruck gewinnen, das pittoreske, rund 700 Seelen zählende Bergdorf Fornalutx mit seinen steinernen Häusern und von liebevoll gepflegten Topfpflanzen gesäumten Treppengassen, inmitten üppig grünender Terrassengärten und Orangenhaine gelegen, sei eine einzige Ferienanlage für Wanderer. Gleich am Ortseingang, vor den beiden traditionellen mallorquinischen Restaurants Ca N'Antuna und Es Turo, parken zuweilen gleich mehrere Busse, von deren Bergpanorama-Terrassen dann schon mal ein weinselig angestimmter deutscher Schlager herüberschallt: „Schöne Maid …". An der hübschen, kleinen, zu Füßen der Kirche gelegenen Plaça warten mit Stock, Hut und quietschbunten Outdoor-Outfits gerüstete Menschen darauf, dass einer der raren Plätze vor den drei Cafés frei wird.

Warum Fornalutx mehrfach zu einem der schönsten Dörfer Spaniens gewählt wurde, erschließt sich dem Besucher erst am Abend. Wenn die Dämmerung hereinbricht, sitzen vor dem Café Sa Plaça die älteren Herren des Dorfes und flirten scherzend mit den wenigen verbliebenen Touristinnen: „Wo haben Sie denn Ihren Mann gelassen?" Später, wenn das einzige Dining-Restaurant am Platz, das Café Med, seine Glastüren öffnet und dessen Terrasse sich mit Gästen aus aller Welt füllt, dann kommen auch die älteren Damen des Dorfes aus ihren Häusern. Sie tragen Küchenstühle vor die Haustür und sitzen, in bunte Kittel gekleidet, plaudernd und strickend von Angesicht zu Angesicht mit oft fein gemachten Touristinnen, und man beäugt sich gegenseitig mit verhohlener Neugierde. Da treffen auf diesem kleinen Fleckchen Erde Welten aufeinander. Wer auch die nicht minder besondere Stimmung bei mildem Licht am frühen Morgen genießen möchte, nimmt Logis im Petit Hotel, das einst ein Kloster war und bis 1999 als Dorfschule diente. Am besten schläft es sich hier unter den Deckenmalereien in der Suite Sa Capelleta, der einstigen Klosterkapelle.

- Restaurant Café Med, Ca Sa Plaça 7, Fornalutx, Tel. 971 63 09 00
- Petit Hotel, C/Alba 22, Fornalutx, Tel. 971 63 19 97

Wasserstandsmeldungen

54 Die Stauseen Gorg Blau und Cuber

Manchmal schwebt man mit dem Flugzeug auf dem Weg zurück nach Deutschland über die beiden Stauseen hinweg: Wie sie da so liegen, eingebettet in ein karstiges Hochtal der Tramuntana und zu Fuße des inselhöchsten Berges, des Puig Major, türkisblau schimmernd und mit spiegelglatter Oberfläche, könnte man sie auch für natürliche Bergseen halten. Sind sie aber nicht. Es handelt sich um erst Anfang der 1970er-Jahre von Menschenhand geschaffene Reservoire, mit denen vor allem die auch damals schon wachsende Hauptstadt Palma mit ausreichend Trinkwasser versorgt werden sollte. Das überlebenswichtige Nass kann auf Mallorca bekanntlich bedrohlich knapp werden – auch heute noch. Am Wasserstand der beiden Seen lässt sich erkennen, wie es um die Versorgung der Insel gerade bestellt ist. Ist schon im Frühjahr der Pegel niedrig, weil der Winter trocken war, dann könnte es im Sommer eng werden. Sind die Seen gut gefüllt, darf man unbesorgt duschen gehen. Obwohl: Bewusster Umgang mit Wasser ist immer angezeigt.

Der Gorg Blau und der Cuber sind nur fünf Autominuten voneinander entfernt und durch ein größtenteils überirdisch geführtes, offenes Rinnensystem miteinander verbunden. Das Wasser aus dem Gorg Blau wird in den Cuber, dann über Betonröhren quer durchs Gebirge in die Wiederaufbereitungsanlage von Lloseta, anschließend ins Versorgungsnetz der Insel gepumpt. Der Cuber ist der größere der beiden Seen, auf seinem Grund liegt ein Landgut, das ihm weichen musste. Auch prähistorische Stätten wurden für die Seen geflutet, woran eine Säule am Gorg-Blau-Parkplatz erinnert. Man kann den Anblick dieses magisch wirkenden Sees ganz bequem von diesem Parkplatz aus genießen, am besten frühmorgens, spätabends und in hellen Vollmondnächten, wenn es auf der serpentinenreichen und stellenweise sehr engen MA-10 so gut wie keinen Verkehr gibt. Dann kann man hier etwas erleben, das so nur noch sehr selten zu erleben ist: absolute Stille und einen Sternenhimmel, der seinesgleichen sucht.

TIPP
Die Seen sind fußläufig zugänglich, der Rundgang um den Cuber ist ein entspannter Spaziergang.

● MA-10 Sóller – Pollença

Krawattenknoten-Straße

55

Über Sa Calobra zum Torrent des Pareis

Lust auf ein kleines Abenteuer? Dann auf zum Torrent de Pareis, der „Paradiesschlucht", die aufgrund des spektakulären Zusammenspiels von Fels und Wasser zu den attraktivsten touristischen Zielen der Insel zählt. Dabei ist es gar nicht so einfach, sie zu erreichen. Wanderer müssen mit vier Stunden nur für den Hinweg und rutschigen Kletterpartien rechnen, außerdem je nach Tour mit dem teuren und überfüllten Boot zurück, was zu Zeitdruck führt. Und sie verpassen die MA-2141, ebenso ein Meisterwerk der Ingenieurskunst wie ein Kraftakt von mehreren Hundert Tagelöhnern. Wie ihr Zielort Sa Calobra (Schlange, Natter) genannt, ist diese Straße mit ihren haarnadelkurvigen und -sträubenden Serpentinen eine Herausforderung für Autofahrer, die mit ein wenig Umsicht aber gut zu bewältigen ist.

Antonio Parietti hieß der Mann, der hier zu Beginn der 1930er-Jahre 15 Kilometer Trasse verbauen ließ, um nur vier Kilometer vorwärts zu kommen. Berühmt wurde er für den „Krawattenknoten" am Kilometer 2: Um ein schier unüberwindbar scheinendes Gefälle zu überwinden, führte er die Straße in einem kreisförmigen Schwung mit einer Brücke zurück über einen anderen Teil der Straße. Damals eine Sensation! Und wozu all die Mühen? Schließlich lebten in den 1930ern in Sa Calobra nur etwa 20 bis 30 Menschen. Doch es gab auch schon erste Touristen, denen man die Schönheiten der Insel zugänglich machen wollte. Heute wirkt das Dörfchen wie ein ganz gewöhnlicher Badeort. Einen Kilometer hinter ihm liegt der Parkplatz, und von hier aus sind es nur noch 600 Meter bis zum paradiesischen Torrent und der von irre hohen Felswänden umschlungenen Bucht Sa Calobra. Jetzt wissen Sie, dass die Schweißtropfen, die sich an der engsten Felsendurchfahrt der Straßenschlange – nur zwei Meter Breite! – auf Ihrer Stirn gebildet haben, nicht umsonst geflossen sind. Am besten, Sie fahren frühmorgens oder, noch besser, am späten Nachmittag hier herunter. Dann sind nur Sie und die Ziegen noch da.

TIPP

Sechs Kilometer entfernt, in der Cala Tuent, bietet das Es Vergeret bis nachmittags mallorquinische Küche.

● MA-10 Sóller – Pollença, kurz hinter dem Gorg Blau den Abzweig MA-2141 nehmen.

Ansehnlicher Seelenbalsam

56 In den Gärten von Alfàbia

Wasser galt den Arabern als „bester Arzt für die Seele". Wer der seinen etwas Gutes tun möchte, ist hier genau am richtigen Ort. Denn die Jardins d'Alfàbia wurden noch von den Mauren angelegt, und für diese war das erfrischende Nass nicht allein Mittel zur Bewässerung, sondern außerdem wichtiges Element der Gartenkunst. Und so murmeln, plätschern und sprudeln hier Brunnen und kleine Fontänen, spiegeln sich der Himmel und das üppige Grün in Bassins und einem Seerosenteich. Die orientalische Vorliebe für das Wasser zeigt sich auf besonders bezaubernde Weise in einem dicht umrankten Laubengang, in dem aus 24 Fontänen zarter Regen niederrieselt. Zahlreiche Tropfen glänzen im Sonnenlicht, was märchenhaft ausschaut. Und das Beste: Man startet den Regen selbst – per Knopfdruck – was kindliche Freude bereitet.

Höchst weise hat einst Wesir Ben Abet die Lage für seinen Landsitz gewählt. Hier, am Fuße der Tramuntana, wo die Höhen der namensgebenden Serra d'Alfàbia vor rauen, kalten Winden schützen und die Torrents, nur bei starkem Regen gefüllte Bachläufe, das Areal mit ausreichend Wasser versorgen, konnte ein grünes Paradies entstehen. Da ranken Blauregen und Bougainvillea, blühen Agapanthus, Calla, Hibiskus und Taglilie, gedeihen nebst typisch Mediterranem wie Orangen-, Zitronen- und Olivenbäumen auch Exoten wie Bambus und chinesischer Palisander. In dieser Oase der Ruhe spenden außerdem etliche Palmenarten Schatten, darunter Dattel-, Zwerg- und Hanfpalmen und die nur auf Mallorca beheimateten Garballons. Man wandelt auf schnurgeraden Sichtachsen, lauschigen Wegen und alten Steintreppen durch die Parkanlage. In deren Zentrum bietet ein herrlich altmodischer Kiosk Kaffee oder frisch gepressten Orangensaft. Der anschließende Gang durch das große Gutshaus mit antikem Mobiliar diverser Epochen und Stile ist wie eine kleine Zeitreise. Nicht übersehen sollten Sie die kunstvoll intarsierte Holzdecke im Torhaus, die tatsächlich noch aus maurischer Zeit stammt.

TIPP
Nur wenige Kilometer entfernt befindet sich das Landgut Raixa, ebenfalls mit prächtigem Garten.

● Jardìns d'Alfàbia, Ctra. Palma – Sóller km 17, Bunyola, Tel. 971 61 31 23
www.jardinesdealfabia.com

Toskana in der Tramuntana

57 Raixa

Man möchte gleich einen eleganten Kopfsprung machen ins kühle Nass des knapp 100 Meter langen, tiefgrün schimmernden Pools, am liebsten von der kleinen halbrunden Aussichtsterrasse aus. Ist aber gar kein Pool, sondern eine Zisterne, die die umgebenden Gärten mit Wasser versorgt und die lange als das größte Wasserreservoir Mallorcas galt. Für dessen neoklassizistische Umrandung sorgte 1797 der wohlhabende Kardinal Antoni Despuig i Dameto, Erzbischof von Valencia, oberster Richter am päpstlichen Gerichtshof in Rom und Herr des Hauses Raixa, zu dem die Zisterne gehört. Ihr Fundament stammt, wie alles, was auf Mallorca mit Gärten und Bewässerung zu tun hat, aus arabischer Zeit. Der Kardinal machte aus dem Stammsitz seiner Familie seinen ganz persönlichen „locus amoenus" im Stil der italienischen Renaissance: Er ließ das Gebäude nach Entwürfen zweier italienischer Architekten mit zehn Arkaden und einer von Statuen gesäumten neoklassizistischen Treppe versehen, die in den parkähnlichen Garten hinaufführt. Der Kardinal häufte in seinem Palazzo aber auch eine stattliche Sammlung von antiken Kunstschätzen an – und die sind futsch. Zumindest kann man sie nicht mehr in Raixa sehen, weil des Kardinals Nachfahren sie an die Stadt Palma veräußerten. Im Haus ist heute allerlei Wissenswertes über die Tramuntana zu erfahren.

TIPP

Einen Teil der von Kardinal Despuig gesammelten Kunstschätze kann man im Castell Bellver anschauen.

Vom Garten aus kann man einen von Kiefern gesäumten steilen Pfad emporsteigen, vorbei an einer künstlich angelegten Grotte und hinauf zu einem achteckigen Tempel mit farbigen Fenstern, der als Aussichtspunkt dient. Kann man – muss man aber nicht. Wie viel schöner ist es doch, sich ein schattiges Plätzchen im Garten zu suchen – in Stein gehauene Nischen und steinerne Bänke gibt es zur Genüge –, vielleicht bei einer der zahlreichen kleinen Quellen, die beruhigend plätschern, vielleicht in der Nähe des großen, grünen stillen Wasserreservoirs. Oder auch gleich am Eingang, wo in einem Bilderbuch-Seerosenteich kleine, scheue Frösche die Besucher ängstlich beäugen.

● Raixa, Ctra. Palma – Sóller km 12, Sóller, Tel. 971 23 76 36
www.conselldemallorca.net

Einer für fast alles

58 Im Gemischtwarenladen Can Bou

Sobald die Ladentür mit leichtem Klirren wieder zugefallen ist, traut man seinen Augen kaum. Solche Geschäfte gibt es doch eigentlich gar nicht mehr. In diesem bunten, ja überbordenden Haushaltswarensortiment fühlt man sich wie in Ali Babas Höhle. Besen, Teppichklopfer und Staubfeudel baumeln von der Decke. Und randvolle Regale füllen fast jeden Zentimeter Wand aus. Darin sind fein säuberlich allerlei Dauerwaren von der Dose mit Erbsen bis zur Packung mit Puddingpulver aufgereiht. Da stapeln sich Töpfe, Pfannen und Schüsseln. Da stehen Putz- und Waschmittel für so ziemlich alles parat, was es daheim zu reinigen gilt. Auch viel für das Gesicht: Manche der Kosmetika gab es – den Verpackungen nach zu urteilen – womöglich schon in den 1970er-Jahren. Der Garten will ebenfalls gepflegt werden: Neben Hacken, Schaufeln und anderem handlichem Gerät sind natürlich noch Sämereien zu haben. Man bekommt Pasta, Kräuter und Gewürze, Schneebesen, Korbtaschen, Hundeleinen und Glasflaschen zum Abfüllen selbst gemachter Limonade. Hülsenfrüchte sowie Nüsschen und Mandeln werden aus Säcken und großen Gläsern ganz nach Kundenwunsch abgewogen. Das Porzellan in den gläsernen Vitrinen ist fast eine kleine Schau des Zeitgeschmacks der letzten Jahrzehnte. Und man darf rätseln, was wohl in den hölzernen Schubfächern in der Ecke gegenüber alles schlummern mag.

Ein paar ältere Damen halten vor dem Bezahlen noch ein Schwätzchen. Ihre Einkaufstrolleys haben sie sicher auch hier erworben. Hinter der altmodischen Ladentheke steht seit einer halben Ewigkeit die rüstige, schätzungsweise 85-jährige Herrin über dieses Gemischtwarenreich, sie hat ein offenes Ohr für ihre Kundinnen, und, so hört man, immer auch unschlagbare Haushaltstipps parat. In diesem seltenen Juwel von Laden findet sich garantiert ein originelles Souvenir. Und wenn nicht, nimmt man einfach etwas Süßes aus den großen Bonbongläsern mit. Die Señora mit dem adrett frisierten weißen Haar wird Ihnen höflichst das Wechselgeld in die Hand zählen.

● Can Bou, C/Alexandre Rosselló 9, Alaró, Tel. 971 51 00 20

4
INSECTICIDA
ORION
TINTES

Hexen-Disko und Burgruinen

59 Hinauf zum Puig d'Alaró

Schon wenn man auf der klassischen Flugroute über den Norden der Insel einschwebt, kann man sie rechter Hand sehen: die nebeneinanderstehenden, jeweils rund 800 Meter hohen und sagenumwobenen Tafelberge Puig d'Alaró und Puig de s'Alcadena. Ihre senkrecht abfallenden schroffen Felsen am Rande des Tramuntana-Gebirges bei Alaró glänzen in der Sonne. Zwischen den beiden Gipfeln haben einst Hexen ein Seil gespannt, darauf wilde Tänze vollführt und einen Mordsspaß gehabt – so zumindest wird es in einem der 450 mallorquinischen Märchen erzählt, die der Pfarrer Antoni Maria Alcover (1862 – 1932), der mallorquinische „Bruder Grimm", sammelte und veröffentlichte.
Heute sieht man hier zuweilen statt steppender Hexen Kletterer in den Seilen hängen. Man kann von Alaró aus zwischen beiden Bergen hindurchwandern oder sie besteigen. Die Wege sind hervorragend beschildert. Kurz unterhalb des Gipfels vom Puig d'Alaró thront das gleichnamige Castell – also das, was von dem einstigen, mehrfach umkämpften Bollwerk übrig ist. Schon von hier aus genießt man einen grandiosen Ausblick über die Gipfel und Wipfel. Er verursacht ebenso Gänsehaut wie die Vorstellung, dass hier im 13. Jahrhundert zwei Mallorquiner bei lebendigem Leibe aufgespießt und geröstet wurden: Der spanische König Alfons III., der damals Mallorca erobert hatte, hatte das angeordnet, um Rache zu nehmen an den Anhängern des mallorquinischen Königs Jaume II., der, das nur nebenbei, sein Onkel war.
Die Wanderung zum Castell ist steil, aber unkompliziert, besonders, wenn man sich traut, mit dem Auto die schmale Schotterstraße bis zum Parkplatz des Es Verger hinaufzufahren, jener schlichten, urigen Herberge, die längst Kultstatus hat: Die hier im Holzofen gegarte Lammschulter ist ein Gedicht. Für Gipfelstürmer: Vom Es Verger aus brauchen Sie etwa eine Dreiviertelstunde bis nach ganz oben, weitere 20 Minuten über einen Grat zu einem Wachturm, von dem Sie Alaró aus der Vogelperspektive und die Tiefebene der Insel bestens im Blick haben.

● Puig d'Alaró, Restaurant Es Verger, Camino del Castillo de Alaró s/n, Alaró
Tel. 971 18 21 26, Achtung: montags geschlossen

Spatzen, Schafe, 30 Seelen

60 In Orient

Man hört das Blöken der Schafe und das leise Bimmeln ihrer Glöckchen – ansonsten herrscht Stille. Orient hat nicht nur durch seinen Namen etwas nahezu Märchenhaftes. Wohl kein anderer Ort der Insel liegt so abgeschieden wie dieses 30-Seelen-Dörfchen im Herzen der Tramuntana. In einem weiten Tal auf 400 Metern Höhe ist es von ebenso traumhafter wie fruchtbarer Landschaft umgeben, in der Oliven-, Mandel- und Obstbäume bestens gedeihen, weshalb sich Menschen schon vor Jahrhunderten hier niederließen.
In diesen zurückgezogenen Ort gelangt man nicht zufällig. Orient sucht man auf – nach dem ersten Besuch immer wieder. Zwei Wege führen her. Von Bunyola aus steuert man seinen Mietwagen über eine abenteuerlich gewundene Serpentinenstraße und durch dichte Wäldchen – Achtung: Manchmal tummeln sich große Hasen auf dem Asphalt. Schon das ist ein Erlebnis. Bequemer ist die Anfahrt von Alaró. Ganz für sich ist man freilich auch in Orient nicht: Das Terrain ist ein Paradies für Wanderer, die drei Landhotels sind Refugien für Ruhesuchende. Vom Tourismus ist dennoch nicht viel zu spüren. Allenfalls im Restaurant Can Tomeu unten am Ortsrand kann es schon mal trubelig werden, wenn eine Gruppe Rennradfahrer dort Station macht. Die Freizeitsportler haben die spektakulären Straßen nach Orient natürlich längst für sich entdeckt, sind aber so schnell wieder weg, wie sie gekommen sind. In den historischen Ortskern geht es ohnehin nur zu Fuß, über eine einzige einigermaßen steil ansteigende Gasse. Nach wenigen Metern ist der hübsche, kleine Kirchplatz erreicht. Bei sonnigem Wetter, wenn die Spatzen munter auf den umliegenden Dächern der typischen Bergdorfsteinhäuser tschilpen, ist dies der schönste Platz weit und breit – ach was, der ganzen Welt. Fast genauso schön ist es auf der Terrasse des Hotels L'Hermitage, ein ehemaliges Kloster aus dem 17. Jahrhundert, wo man in aller Ruhe ein Getränk nehmen kann.

● L'Hermitage Hotel & Spa, Ctra. de Alaró a Bunyola km 8, Orient, Tel. 971 18 03 03

Am südlichsten Punkt

61 Cap de Ses Salines und Platja des Caragol

Nicht, dass es in der Nähe nicht zig malerische Buchten gäbe. Doch es gibt auch einen Strand, der selbst in der Hochsaison zuweilen menschenleer ist: die Platja des Caragol, der Schneckenstrand. Er liegt nicht weit entfernt vom Cap de Ses Salines, dem südlichsten Punkt der Insel, und er ist ein Traum: ein rund 500 Meter langer und sechs Meter breiter Streifen heller, feiner Dünensand, wie er auf Mallorca nur selten zu finden ist, gesäumt von Schatten spendenden Pinien. Und dann das Meer, das ihn sanft und liebevoll umspült: Es schimmert in Schattierungen von Türkis bis Smaragd, ist kristallklar und von magischer Anziehungskraft. Aber ach: Wie so oft haben auch hier die Götter vor das Vergnügen den Schweiß gesetzt. Man muss ein bisschen laufen, um dieses kleine Paradies zu erreichen – wenn auch nur etwa 20 Minuten, ganz ohne Steigungen und Klippen. Und weil man am liebsten den ganzen Tag hier verbringen möchte, sollte man Picknick, Getränke und einen Sonnenschirm mitnehmen. Ist Ihnen zu anstrengend? Dann bleiben Sie doch einfach direkt am Cap de Ses Salines. Der Leuchtturm hier sieht prächtig aus, aber näher ran darf man nicht, er ist in Betrieb und daher eingezäunt. Sie können ihn getrost buchstäblich links liegen lassen, aufs offene Meer schauen, das sich hier gerne wild und ungebändigt zeigt. Wenn es klar ist, reicht der Blick bis hinüber nach Cabrera. Ist es diesig, kommt eine ganz besondere Stimmung auf. Auch deshalb, weil der felsige Küstenabschnitt neben dem Leuchtturm von unzähligen Steinmännchen wimmelt. Bizarr! Niemand weiß, wer sie warum dort gestapelt hat – aber es sieht faszinierend aus. Nur schwimmen können Sie an dieser Stelle nicht. Wenn Sie das jetzt doch noch möchten, gehen Sie rechts durch die Dünen auf einem breiten Pfad weiter: an einer Hausruine, der schmalen, dunklen Landzunge Punta Negra, dann an einem kleinen Bootsschuppen vorbei. Dahinter erstreckt er sich, in einer halbkreisförmigen Bucht: der herrliche Schneckenstrand. Das Paradies!

● Der Weg zum Cap de Ses Salines, der Camí del Far des Cap de Ses Salines, zweigt von der MA-6100 ab, die von Ses Salines nach Santanyí führt. An seinem Ende einfach am Straßenrand parken.

Der Hafen des Kolumbus

62

Portocolom

Für die Bewohner des Hafenörtchens ist es keine Frage: Hier hat Cristóbal Colón, also Christoph Kolumbus, das Licht der Welt erblickt. Was der Name des Ortes selbstbewusst unterstreicht. So viel steht fest: Es ist sehr umstritten, woher der berühmte Entdecker stammt. Zahlreiche Mutmaßungen zu seiner Herkunft nennen Geburtsorte von Genua bis Armenien. Wie dem auch sei, so ganz passt der große Seefahrer eigentlich nicht zu diesem verträumten Hafenstädtchen. Nein, von hier aus möchte man gar nicht zu fernen Ufern aufbrechen. Hier möchte man bleiben, um die traumhafte maritime Atmosphäre eines der größten Naturhäfen der Insel auf sich wirken zu lassen. Dabei geht es in der ausgedehnten, von zwei Landzungen geschützten Bucht gänzlich unaufgeregt zu – anders als etwa im benachbarten Cala d'Or. Protzige PS-starke Motoryachten liegen woanders. Hier tuckern allenfalls kleinere Bötchen und Segler heran, machen auch kleine Jollen und in die Jahre gekommene Kähne fest. Schnittige Luxusyachten sind die Ausnahme, doch beim Anblick einiger eleganter Zwei- und Dreimaster geht nicht nur Freizeitkapitänen das Herz auf. Und sie alle liegen vor einer Kulisse, die ihresgleichen sucht. Über den Yachthafen hinweg schweift der Blick hin zur malerischen Altstadt. Am anderen Ende der Bucht ragt der markante schwarzweiß gestreifte Leuchtturm am Punta de Ses Crestes auf. Ob vor azurblauem Himmel oder im Abendrot, ja selbst bei Gewitterstimmung bezaubert dieses Postkartenpanorama immer wieder aufs Neue. Besonders unterhalb der Altstadt hat sich Portocolom den Charme eines Fischerdorfes erhalten, sind an der Uferpromenade kaum Touristen unterwegs. Vor bunten Bootsschuppen wiegen sich eine ganze Reihe der hübschen kleinen Llaüts, der typisch mallorquinischen Fischerboote, im Wind. Lebhafter geht es am Yachthafen zu, wo gleich mehrere Lokale den Kai säumen. Den schönsten Blick hat man bei hervorragendem Essen von der Terrasse des Restaurants Sa Llotja, zu dessen Füßen noch heute täglich frische Fische anlanden.

● Sa Llotja, C/Pescadores s/n, Portocolom, Tel. 971 82 51 65
www.restaurantsallotjaportocolom.com

Smart Shopping, Top-Tapas

63

Die Plaça von S'Alquería Blanca

Die meisten kommen wegen der paradiesisch schönen Buchten in den Südosten der Insel. Doch selbst die leidenschaftlichsten Sonnenanbeter möchten mal was Hübsches shoppen gehen und irgendwann was anderes essen als Strandbudenkost. Wohin also? Nach Santanyí? Ein schönes Städtchen, aber an Markttagen (mittwochs und samstags) selbst in der Vor- und Nachsaison ziemlich überlaufen, zumindest tagsüber, und am Abend sind die drei, vier guten Restaurants oft ausgebucht. Das zubetonierte Cala d'Or wiederum muss man mögen: Im noblen Hafen lassen sich Luxusyachten bestaunen, bei den Restaurants an der Wasserkante aber ist es mit dem Preis-Leistungs-Verhältnis nicht weit her.

Dann doch lieber raus aufs Land: S'Alquería Blanca (wörtlich: Das weiße Gehöft) hat zwar nur etwa 1000 Einwohner, aber rund um seine Dorf-Plaça zwei, drei spannende Geschäfte – ein kurzer Bummel hier geht ganz ohne Gedrängel. Im Cas Perillo etwa, einem hübschen Stadthäuschen, in dem die deutsche Stylistin Hanne Schäfer viele schöne Dinge präsentiert, darf König Kunde sogar ganz entspannt im lauschigen Gärtchen Platz nehmen. Zwischen ausgesuchtem Schmuck, Mode- und Wohn-Accessoires aus Mallorca und aller Welt dürfte jeder ein Souvenir und Mitbringsel finden. Nur wenige Schritte entfernt liegt die Bäckerei Ses Delicies, in der es herrliche Kuchen, Teilchen und Törtchen zu kaufen gibt. Direkt an der Plaça, an der natürlich auch – dienstags – ein kleiner Markt abgehalten wird, residiert zudem eine der besten Tapasbars der gesamten Insel: Im Sa Plaça S'Alquería Blanca werden im Schatten des Kirchturms – und im kaffeehausähnlichen Inneren – klassisch spanische und auch einige von deutscher und französischer Küche inspirierte Häppchen serviert, da gibt's etwa Sauerkraut zur Wachtel. Und weil der Shopping-Bummel an der Plaça kurz und effektiv ist, bleibt genügend Zeit, um hier in aller Ruhe ein Häppchen nach dem anderen zu genießen. Das ist wahres Urlaubsglück!

TIPP

Der Weg nach Cas Concos zweigt von der Plaça ab und führt vorbei an blühenden und grünenden Wiesen.

- S'Alquería Blanca ist von Santanyí aus über die MA-19 zu erreichen.

Natur-Pool im tiefen Süden

64

Cala Pi

Wer zum ersten Mal auf den obersten Stufen der zur Cala Pi hinabführenden Steintreppe steht, hält bei ihrem Anblick den Atem an: eine Bucht wie aus dem Bilderbuch, eingerahmt von hohen, mit üppigen Kiefern bewachsenen Felsen, mit in kräftigem Türkis schimmerndem, glasklarem Wasser, einem Strand in strahlendem Weiß und pittoresken Bootsgaragen. Spektakulär! Und auch wenn es auf Mallorca viele malerische Buchten gibt: Diese ist wie keine, sagen viele. Sie ist einsame Klasse – allerdings leider nur im übertragenen Sinn: Einsam dürfte man sich allenfalls frühmorgens fühlen.

Die Cala Pi ist nicht nur besonders schön, sondern auch sonst sehr besonders: Der 420 Meter lange und bis zu 100 Meter breite Canyon ist durch imposante 30 Meter hohe Felswände perfekt gegen starke Winde aus West und Ost geschützt. Und da er auch noch eine Kurve macht, drückt das Wasser niemals so direkt in die Bucht hinein wie anderswo. Eine Traumbucht für passionierte Schwimmer, die hier mal so richtig loslegen können: Wo sonst finden sie eine 420 Meter lange Bahn vor, mit einer Wasseroberfläche, die meist so ruhig und glatt ist wie zu Hause im gechlorten öffentlichen Schwimmbad? Wo sonst hat er auch dort, wo es tief wird, klare Sicht bis zum Grund? Und auch und gerade diejenigen, denen das Schwimmen im offenen Meer Unbehagen bereitet, dürfen sich hier sicher fühlen wie in Abrahams Schoß.

Für Sonnenanbeter, die sich am 50 Meter breiten Strand aalen möchten, heißt es: Nutze den Mittag! Denn aufgrund der hohen Felsen verweilt die Sonne hier kürzer als in anderen Buchten. Sehr angenehm und vergleichsweise sandarm aalt es sich übrigens auch vor den Portalen der hübschen Bootsgaragen. Wer das Ganze lieber in meditativer Ruhe von oben betrachtet, spaziert zum Wachturm Torre de Cala Pi. Rund um die Bucht, in der kleinen und ruhigen Feriensiedlung, die auch „Cala Pi" heißt, ist zudem das eine oder andere nette Restaurant zu finden.

TIPP

Die meisten Wege zur Cala Pi führen an der talaiotischen Siedlung Cabocorb Vell vorbei.

● Von Llucmajor gelangt man über den Camino de Cala Pi, am Abzweig auf die MA-6014, auf eine bequem zu fahrende asphaltierte Straße direkt in den Ort Cala Pi.

An geschütztem Ankerplatz

65

In der Hafenbucht von Porto Cristo

Ganze Buskolonnen rollen beharrlich auf Porto Cristo zu, steuern aber nicht das Städtchen, sondern ein touristisches Insel-Highlight ungefähr einen Kilometer außerhalb an. In die berühmten Coves del Drac strömen Jahr für Jahr Abertausende Touristen. Bereits seit den 1930er-Jahren werden die riesigen Tropfsteinhöhlen mit Lichteffekten und Musik publikumswirksam in Szene gesetzt. Ob man dort nun auf einem Bötchen über Europas größten unterirdischen See gleiten möchte, sei jedem selbst überlassen.

Sträflich wäre es jedoch, den Hafenort selbst zu vernachlässigen. Fahren Sie auf jeden Fall runter ans Wasser. Die Uferpromenade ist von Schatten spendenden Bäumen gesäumt. Darunter gibt es einen kleinen, aber feinen Strand mit weißem Sand und türkisblauem Wasser. Eine sich allmählich verjüngende Bucht reicht hier erstaunlich tief ins Land, wirkt wie von Menschhand geschaffen, doch es war die Natur. Bereits die Römer und Mauren nutzten sie als schützenden Hafen. Der Sage nach soll 1260 ein Kapitän aus Dankbarkeit für seine unvermutete Rettung aus hoffnungsloser Seenot hier ein Kruzifix aufgestellt haben. Der nach dieser Begebenheit benannte „Christushafen" diente später der Fischerei und dem im Hinterland gelegenen und bereits 1300 zur Stadt erhobenen Manacor für den Warenhandel. An der südlichen Hafeneinfahrt wacht noch immer ein stattlicher Wehrturm aus dem 16. Jahrhundert. An ihm vorbei laufen heute vor allem Sportboote und Segelyachten ein. Denn natürlich lebt auch Porto Cristo von den Urlaubern. Vom Rummel vieler anderer Küstenorte bleibt man aber angenehm verschont. Hoch über der Marina entlang der Calle Veri bieten mehrere Lokale wunderbare Terrassenplätze. Am besten und originellsten isst man im Restaurant Quince: Neben klassisch spanischen Speisen wie Pimientos de Padrón, iberischem Schinken und schwarzem Schwein gibt es Pasta mit Meeresfrüchten und Weltküchengerichte wie Ceviche, Guacamole und Thai-Curry. Hier ist der Blick auf die unverwechselbare Hafenkulisse mit ihren auf senkrechtem Fels thronenden schmucken Häuschen einfach großartig.

- Restaurant Quince, C/Veri 1, Porto Cristo, Tel. 971 82 18 30
www.restaurantequince.com

elan 340
GIN FIZZ

Frischer Fisch am Fjord

66

Cala Figuera

Es scheint, dass das rund 800 Einwohner zählende Fischerdorf schon vor 20 Jahren seiner Zeit weit voraus war: Als hier nach einem Boom in den 70ern und 80ern die Touristenzahlen zurückgingen, trug man einige nicht mehr benötigte Betonbettenburgen einfach ab. Nehmt das, ihr Ballermänner! Seither kann man – wieder – sagen: Es gibt keinen stimmungsvolleren Hafen auf Mallorca als den von Cala Figuera. Die fjordartige, ypsilonförmige Bucht, die zwischen Kalksteinfelsen tief ins Land hineinschneidet, die kleinen Wohnhäuser am westlichen Felsen, denen zahlreiche Pinien Schatten spenden, die stollenartig in den Fels gehauenen Bootshäuser mit ihren farbigen Türen, die sich entlang der schmalen Fahrrinne aneinanderreihen, und richtige Fischer, die, am Wasser hockend, Netze knüpfen, an ihren Booten herumschrauben und gemütlich ein Schwätzchen halten: Das ist Fischerdorfromantik wie aus dem Bilderbuch – aber in echt –, und das gibt es auf Mallorca tatsächlich nur (noch) einmal. Und wenn die Fischer am Nachmittag in den Hafen mit ihrem Fang zurückkehren, findet dort, wo sie anlegen, reger Handel statt: Dann sind neben Gastronomen auch Hausfrauen und hobbykochende Feriengäste unter denjenigen zu finden, die den frischen Fisch begutachten und mit in die heimische Küche oder die des Urlaubsdomizils nehmen. Denn statt in riesigen Hotels wohnt der Gast hier nun in hübschen Ferienwohnungen und -häusern. Wer sich lieber bekochen lässt, nimmt in einem der Restaurants am Hafensaum Platz. Das älteste und traditionellste ist die Bar Cala: Die gibt es seit 1957, und seitdem kocht auch Antonia hier; ihr Bruder Lorenzo ist der Chef. Es gibt frischen Fisch und Meeresfrüchte, Paella, Tapas und typisch Mallorquinisches. Das Einzige, was Cala Figuera nicht hat, ist ein Strand. Der nächste ist etwa 30 Gehminuten entfernt. Vielleicht auch ein Grund, warum der Tourismus dieses malerische Dörfchen nicht kleingekriegt hat. Und wer einmal durch Cala Figuera spaziert ist, fragt sich sowieso: Strand? Wer braucht denn so was?

- Bar Cala, C/Virgen del Carmen 56, Cala Figuera, Tel. 971 64 50 18

Ses Salines' Fischerfritz

67 Casa Manolo

Manolos Credo: „Man kann unsere Insel nur begreifen, wenn man ihren Geschmack kennt." Und so hilft er uns Besuchern gern dabei, diesen Geschmack kennenzulernen. Wenn Manolo am Tisch eine Zahnbrasse oder einen Wolfsbarsch – aus dem Meer bei Cabrera, gleich um die Ecke – aus der Salzkruste klopft und mit bestem Olivenöl benetzt, dabei fürsorglich die Bäckchen vorlegt, damit man sie bloß nicht liegen lässt – „Die sind doch das Beste!" –, dann ist der Gast ein glücklicher Mensch. Manolo ist seit fast 50 Jahren der Patron der Casa Manolo, und die ist das, was man neudeutsch „Kult" nennt.

Das liegt an den erstklassigen Fischen und Meeresfrüchten, die hier serviert werden, das liegt am Jefe selbst, der sich gern und mit robustem Charme um seine Gäste kümmert, und an seiner Frau Margarita, wie ihr Mann stets zu einem Schwätzchen aufgelegt. Ihre selbst gemachten köstlichen Tapas, die tagsüber farbenfroh gekleidete Radfahrer in Scharen anlocken, zählen ebenso zu den Spezialitäten des Hauses wie besagter Salzkrustenfisch, wie der Hummereintopf, den vor allem Einheimische löffeln, hingebungsvoll und mit Lätzchen bewehrt, oder der Calamar de potera, der am Tisch mit seiner Tinte vermengt wird.

Kultfaktor ist außerdem die Atmosphäre in dem kleinen, auf typisch spanische Weise urigen alten Teil des Restaurants mit von der Decke baumelndem Schinken und mit Fotos tapezierten Wänden, den Manolo-Nostalgiker immer wieder gerne aufsuchen. Seit 2016 gibt es auch einen neuen Restaurantteil – der Umbau, die Ausdehnung ins Nachbarhaus, kam einer kleinen Revolution gleich. Dort ist die Casa Manolo ein zeitgemäß, aber nicht übertrieben schickes und vergleichsweise großes Bistro. Neben fangfrischem Fisch ist hier jetzt auch feinstes Fleisch zu haben, das man vor dem Genuss hinter Glas begutachten kann. Doch egal, wo Sie Platz nehmen: Manolo wird überall ein wachsames Auge darauf haben, dass Fisch und Meeresfrüchte auch auf die neuen Bistrotische nur in Bestform kommen.

● Casa Manolo/Bodega Barahona, Plaça San Bartolomé 2, Ses Salines, Tel. 971 64 91 30
www.bodegabarahona.com

RESTAURANTE
BODEGA BA
CASA MANOLO
ONA
arrels de la sal

Playa-Paradies mit Bar

68

Es Trenc

Im April 2013 war es endlich so weit. Die berühmt-berüchtigten Beton-Bauruinen, aus denen einmal 13 Apartmentblocks werden sollten, wurden abgerissen. Fast 20 Jahre lang hatten sie das kleine Stück Sand verschandelt, das den endlos langen und breiten, beinahe schneeweißen Strand Es Trenc mit seinem kleineren Nachbarn Ses Covetes verbindet. Nun darf man ihn mit Fug und Recht wieder einen Traumstrand nennen: mit üppigen Kiefern und einer malerischen Dünenlandschaft, wie es sie auf den Balearen kein zweites Mal gibt; mit puderzuckerfeinem weißem Sand und mit kristallklarem karibisch blauem Wasser. Und da er auch noch ein Naturschutzgebiet im Rücken hat, ist er nicht nur ein paradiesischer Erholungsort für Menschen, sondern auch für viele Zugvögel, die hier auf ihren Reisen gerne einen Kurzurlaub einlegen. Sogar Flamingos soll man am Es Trenc schon gesehen haben.

Weil er nur leicht abfällt, ist er auch für Familien mit Kindern geeignet; weil er so groß ist, finden sogar FKK-Freunde ihr Plätzchen. Und weil er wegen alldem so beliebt und im Sommer hoffnungslos überlaufen ist, sind die wenigen und teuren Parkplätze um ihn herum noch weniger und noch teurer geworden. Richtig so, denn nicht selten bricht zur Hochsaison der Verkehr auf den badetuchschmalen Zufahrtsstraßen komplett zusammen. Und es gibt ja Shuttle-Busse, mit denen man auf dünenverträgliche Weise dieses unbedingt schützenswerte Paradies erreichen kann. Wer es in vollen Zügen, aber ohne zu viel Mensch genießen möchte, kommt im Sommer am frühen Morgen oder Abend und, wie die Einheimischen, auch in den kühleren Jahreszeiten, um sich bei einem langen Spaziergang eine frische mediterrane Brise um die Nase wehen zu lassen. Und um anschließend genau dort, wo die Betonruinen nun wieder blühenden Strandblumen wichen, in der „Bar Esperanza" zu relaxen: Zu Lounge- und Karibikklängen genießt man ganz entspannt in Strandkleid, Shorts und Sandalen, aber auf hohem Niveau, unter anderem Ceviche, Tagliata und Thai-Curry und sogar deutsche Rieslinge.

TIPP

Am Es Trenc finden sich auch die Salinen, von denen das berühmte Flor de Sal kommt.

- Bar Esperanza, C/Covetes s/n, Ses Covetes, Tel. 608 62 21 65

Am Ende der Welt

69 Das Cap de Formentor

Machen Sie sich auf was gefasst: Denn auch, wenn Ihnen eine Fahrt oder eine Wanderung durch die Tramuntana schon reichlich grandiose Panoramen geboten hat – das Cap de Formentor ist nicht zu toppen. Über gut 15 Kilometer schiebt sich die Landspitze spektakulär ins Meer hinaus. Ihre atemberaubenden Felsformationen stürzen aus schwindelnder Höhe teils senkrecht ins tiefe Blau und umrahmen das türkisfarbene Wasser kleiner Buchten. Die Straße, die sich kurvenreich an den schroffen Klippen entlangwindet, gilt als bautechnisches Glanzstück. Der Ingenieur Antonio Parietti – er schuf auch die berühmte Abfahrt hinunter nach Sa Calobra – ließ mit kundigem Auge Aussichtspunkte anlegen, von denen man immer wieder neue Perspektiven auf das einmalige Felsrelief hat.

Hier, am nördlichsten Punkt der Steilküste, wo Meer und Himmel miteinander zu verschmelzen scheinen, treffen die acht verschiedenen Winde der Insel zusammen. So ist das Kap oft genug sturmumtost, liegt ein andermal wie der Rumpf eines gewaltigen Schiffes in ruhiger See. Und dann dieses Licht, das je nach Tageszeit das Landschaftsbild wandelt und bei Sonnenuntergang natürlich besonders weich ist. Kein Wunder, dass es die Menschen schon immer auf magische Weise hierherzog. 1929 eröffnete an der größten, von Pinien begrünten Bucht des Kaps das Hotel Formentor. Winston Churchill, Helmut Schmidt und Charlie Chaplin, auch Grace Kelly und Fürst Rainier logierten hier. Noch heute ist es ein perfekt abgeschirmtes Haus der Luxusklasse. Doch zu seinen Füßen, am malerischen Sandstrand Playa de Formentor, dürfen sich auch Normalsterbliche in der Sonne rekeln. Den äußersten Punkt des Kaps bewacht seit Mitte des 19. Jahrhunderts ein weißer Leuchtturm. Bei entsprechendem Wetter kann man von hier aus bis nach Menorca blicken. Von Mitte Juni bis Mitte September ist die Fahrt dort hinaus tagsüber nur noch per Shuttle-Bus möglich. Die Straße ist ab Port de Pollença gesperrt. Gut so. Ohne die langen Mietwagenkarawanen darf man sich am Kap dann wirklich wie am Ende der Welt fühlen.

- Shuttle-Busse zum Strand und Cap de Formentor ab Port de Pollença

365 Stufen zur Glückseligkeit

70 Auf dem Kalvarienberg in Pollença

Es sollen so viele Stufen sein, wie das Jahr Tage hat. Wobei manch einer beim akribischen Nachzählen schon festgestellt haben will, dass es nur 364 sind. Wer am Fuße der breiten, von stattlichen Zypressen gesäumten Freitreppe steht, darf auf jeden Fall beindruckt sein. Sie ist zwar nicht sonderlich steil, aber das obere Ende scheint ganz schön weit entfernt. Man sollte den 120 Meter hohen Kalvarienberg also nicht gerade in der Mittagshitze und auch sonst lieber gemächlich hinaufsteigen.
Erstaunlicherweise ist die Treppe bei Weitem nicht so alt, wie ihr Anblick vermuten lässt. Sie wurde erst in der zweiten Hälfte des 19. Jahrhunderts in mehreren Etappen angelegt und 1907 fertiggestellt. Die Geschichte des Kalvarienberges selbst reicht dafür umso weiter zurück. Sie beginnt bereits mit den Tempelrittern, denen König Jaume I. das Areal 1229 als Anerkennung für ihre Dienste bei der christlichen Rückeroberung der Insel überließ. Sie machten aus der Anhöhe über der Stadt allerdings zunächst keinen Ort des Gebets, sondern einen der Gerichtsbarkeit: Sie stellten einen für alle gut sichtbaren Galgen auf. Zum Ende des 15. Jahrhunderts bekam dann eine aus Stein gehauene Kreuzigungsszene hier ihren Platz. Die Muttergottes unter dem Kreuz, die einzige gotische Statue Mallorcas, kann man noch immer bewundern. Um 1650 wurde für sie eine erste Kapelle errichtet.
Zu dieser Zeit zog auch zum ersten Mal eine Karfreitagsprozession den Kalvarienberg hinab – heute ist das Brauch und ein echtes Ereignis während der Semana Santa, der Karwoche. Das hübsche Kirchlein, auf das die stufenreiche Freitreppe zustrebt, wurde 1799 geweiht. In seinem Schatten dösen, lang ausgestreckt, mitunter ein halbes Dutzend Katzen. Was für ein Bild von Wohligkeit! Und dann die Aussicht, mit der der Weg hier herauf belohnt wird. Man blickt auf eine der schönsten und ältesten Städte der Insel. In der Ferne lassen sich der Hafen und die Bucht von Pollença erahnen – und man sieht die Ausläufer des spektakulären Cap de Formentor.

● Kalvarienberg in Pollença, C / de Calvari, Pollença

ESGLESIA
DEL CALVARI

Mediterrane Üppigkeit

71 Auf dem Markt in Pollença

Sonntags ist Markttag – und dann pulsiert in Pollença das Leben. Bis zu 300 Händler haben auf den Plätzen und in den Gassen des historischen Zentrums ihre Stände aufgebaut. Auf der Plaça Major bieten sie Kulinaria feil. In nahezu verschwenderischer Üppigkeit türmt sich dort, was die Saison an Obst und Gemüse hergibt: knackige Salate und stattliche Kohlköpfe, tiefdunkelrote Kirschen und zuckersüße Weintrauben, aromatische Tomaten in allen möglichen Größen und die für die Insel typischen kleinen, aber unglaublich saftigen Orangen, knallrote Paprika und sattgrüne Pimientos de Padrón, die mit Olivenöl und Meersalz gebraten ein beliebter Appetithappen sind. Und was man hier von A wie Aubergine bis Z wie Zucchini bekommt, sieht aus wie gerade in Omas Garten geerntet. Dazu gibt es zahlreiche regionale Delikatessen. In großen irdenen Schalen werden eingelegte Oliven in zig Varianten offeriert und gleich vis-à-vis echte Prachtexemplare iberischen Schinkens. Wer Manchego, Mahón und Co. liebt, hat die Qual der Wahl zwischen zahlreichen Käsesorten von mild-cremig bis kräftig-würzig. Nun eines der knusprigen Landbrote gekauft, und schon hat man alles für ein richtig leckeres Picknick beisammen. Und natürlich langt man noch bei den Naschereien zu, etwa bei den wunderbaren mallorquinischen Mandeln, ganz nach Gusto süß oder salzig geröstet, oder bei den getrockneten und kandierten Früchten.

Bevor man weiterbummelt, etwa vorbei an den farbenfrohen Blumenständen, ist eine Pause ratsam, um von einem der vielen Straßencafés aus das bunte Treiben zu beobachten. Denn anschließend gibt es ja noch einiges mehr zu sehen. In den verkehrsberuhigten Gassen rund um den Marktplatz changiert das Angebot zwischen geschmackvollem Kunsthandwerk, sommerlich legeren Textilien und Touristenkitsch, hat aber so oder so auf jeden Fall Schauwert. Ein Besuch in Pollença lohnt im Übrigen auch unter der Woche, wenn Einheimische wie Urlauber die wunderbare Atmosphäre auf der Plaça gleichermaßen genießen.

● Plaça Major und die Gassen rund um den Marktplatz, Pollença

Das Klassik- und Kunstkloster

72 Im Convent de Sant Domingo

Mallorca macht in Deutschland jedes Jahr Schlagzeilen, meist berichten sie von den Trinkgelagen am „Ballermann“ und von deutschen Promis, die sich auf der Insel tummeln. Wovon man in Deutschland gar nichts liest: dass es auf der Insel alljährlich Klassikfestivals gibt, bei denen auf der Bühne Künstler von internationalem Rang stehen.
Überraschend hoch ist die Anzahl der Klassikkonzerte, die – natürlich meist im Sommer – auf der Insel stattfinden, auch in vielen Dorfkirchen und Hotels werden sie in kleinerem Rahmen gegeben, etwa in der Kirche von Deià. Es gibt das Festival MúsicaMallorca in Palma mit Konzerten im Auditorium und in den Kirchen der Stadt. Es gibt ferner das Festival Chopin in Valldemossa – dort konzertieren die Musiker natürlich in der Kartause, in der der Komponist mit seiner Gefährtin George Sand residierte. Es gibt das Internationale Musikfestival in Deià, bei dem man beim Konzertbesuch nicht nur klassische Klänge, sondern auch den Besuch auf Son Marroig, dem Herrenhaus des Erzherzogs Ludwig Salvator, genießt. Und es gibt das Festival de Pollença, das 2017 bereits zum 56. Mal stattfand – es ist damit das älteste Kulturfestival der Insel. 1962 vom britischen Violinisten Philip Newman initiiert, lockte es weltbekannte Künstler wie Lord Yehudi Menuhin, Lorin Maazel oder Montserrat Caballé, Ravi Shankar auf die Insel, und Michael Nyman feierte 2012 mit einer eigens für Pollença komponierten Auftragsarbeit Weltpremiere.
Ort dieser im übertragenen Sinne großen Events ist nicht etwa ein gigantischer Konzertsaal mit ausgefeilter Akustik, sondern der Innenhof des von 1558 bis 1616 von Dominikanern erbauten und Mitte des 19. Jahrhunderts säkularisierten Klosters Santo Domingo: Zwischen vier barocken Arkadengängen kommt da eine ganz besondere Stimmung auf. Und gleich neben der zum Kloster gehörenden Kirche ist das Museum von Pollença zu finden. Hier werden unter anderem Arbeiten von Künstlern gezeigt, die in der Stadt gelebt haben. Kleine Stadt, kleines Kloster, große Kunst!

● Convent de Sant Domingo, C/de Guillem Cifre de Colonya s/n, Pollença
Tel. 971 53 40 11, www.pollenca.com
www.festivalpollenca.com

Charmanter Schutzwall

73 Ein Spaziergang auf der Stadtmauer von Alcúdia

Bei Dämmerung oder, noch später, an einem lauen Sommerabend, wenn die Lichter in der Stadt leuchten, ist die Stimmung unvergleichlich. Tagsüber, wenn sich der blaue Himmel über den vielen Dächern wölbt, lassen sich von hier oben hübsche Details im urbanen Panorama entdecken, sei es eine liebevoll dekorierte Dachterrasse oder ein zugewachsener Garten, aus dessen üppigem Grün eine Bougainvillea in kräftigem Violett hervorleuchtet. Außerdem hat man eine tolle Sicht weithin ins Land bis hinüber zur Serra de Tramuntana.
Ein Gang über die gut sechs Meter hohe Stadtmauer gehört bei einem Besuch Alcúdias einfach dazu. Mit ihren Zinnen und Türmen wäre sie auch eine Eins-a-Filmkulisse. Der zwei Meter dicke Mauerring schützte die Stadt, die eine der ältesten der Insel ist, seit dem 14. Jahrhundert und verfügte zeitweise über stolze 26 Türme. Der Name des schmucken Städtchens leitet sich vom arabischen Al-Qudya (= der Hügel) ab; es wurde von den Mauren auf einer Anhöhe zwischen den beiden riesigen, die Nordostküste Mallorcas prägenden Buchten Badia d'Alcúdia und Badia de Pollença gegründet. Durch die strategische Lage nahe am Meer war man hier immer wieder Angriffen ausgesetzt.
Noch heute ist die Befestigungsanlage über weite Teile sehr gut erhalten oder sorgsam restauriert, sodass man mehrere Hundert Meter auf ihr entlangspazieren kann. Und zwei verbliebene Stadttore, die Porta de San Sebastià und die Porta del Moll, fungieren heute als imposante Entrees in die hübsche Altstadt. Die ist für den Autoverkehr tabu und von angenehm überschaubarer Größe. Durch ruhige Sträßchen erreicht man den belebten Stadtkern mit Cafés, Restaurants und dem einen oder anderen netten Lädchen. Steuern Sie für eine entspannte Pause eines der Café-Restaurants an der Plaçeta de les Verdures an, einem entzückenden Platz hinter dem 1523 im Renaissance-Stil erbauten Rathaus. Das ist mit seinem prachtvollen Uhrturm nicht zu übersehen und einer von vielen schönen historischen Bauten, die sich zu einem harmonischen Stadtbild fügen.

● Stadtmauer von Alcúdia, Aufgang nahe der Porta de San Sebastià (Porta Principal)

Die Unvollendete

74 Die „Neue Kirche" in Son Servera

Gibt es auch in Ihrem Leben etwas, was Sie nicht zu Ende bekommen, einfach (noch) nicht geschafft haben? Den selbst gestrickten Pullover, den Hausbau, die Doktorarbeit, den Roman? Und gehören Sie zu jenen, die sich darüber immer wieder grämen? Dann fahren Sie nach Son Servera im Nordosten der Insel, eine jener Kleinstädte, die für Touristen wenig spannend sind – hier herrscht unaufgeregtes mallorquinisches Alltagsleben. Auch um die doch so sehenswerte „Neue Kirche" wird wenig Gewese gemacht – in den meisten Reiseführern taucht sie gar nicht erst auf. Nicht wundern, wenn Sie vor ihrem schmiedeeisernen Portal stehen: Eigentlich gibt es sie gar nicht, sondern nur ihre Außenmauern, die in schlichter Strenge, mit neugotischen Fenstern und Rosetten versehen, in den meist knallblauen Himmel ragen. Kein Dach, nirgends.

TIPP

Im „Inneren" der Kirche finden immer wieder Konzerte und andere Open-Air-Veranstaltungen statt.

Wie mag es seinerzeit dem berühmten Architekten und Baumeister Joan Rubió i Bellver (1870–1952) ergangen sein, als man ihm sagte, dass er diese Kirche nicht fertigstellen darf? Immerhin war er seit 1905, also schon rund 30 Jahre, mit ihrem Bau beschäftigt, hatte immer wieder Änderungswünsche der Bauherren berücksichtigt. Und Joan Rubió war ja nicht irgendwer, sondern ein Schüler des großen Gaudí; er hatte um die Wende vom 19. zum 20. Jahrhundert schon die Kirche in Sóller mit einer neuen Fassade versehen und die Bank gleich nebenan gebaut. An ihm lag's nicht, dass der Bau der Església Nova gestoppt werden musste – das hatte, Sie ahnen es, finanzielle Gründe. Zu Beginn der 1930er-Jahre ging es ganz Spanien nicht gut, was unter anderem zum Ausbruch des Bürgerkriegs führte. Und auf dem Land rund um Son Servera wohnten nicht, wie in Sóller, wohlhabende Kaufleute, sondern größtenteils arme Bauern und Fischer. So blieb die Església Nova eine Unvollendete – und ist doch ein beeindruckendes Bauwerk, wirkt nahezu magisch auf den Betrachter. Und wer weiß – vielleicht sehen Sie jetzt auch das von Ihnen begonnen Unvollendete in ganz neuem Licht!

● La Església Nova, C/de Ses Creus 14, Son Servera
www.sonservera.es

Einsiedelei mit Aussicht

75

Die Halbinsel La Victoria

Bitte wundern Sie sich nicht: Gleich nach dem Abzweig an der Durchgangsstraße im nicht gerade attraktivsten Teil von Alcúdia glaubt man zunächst, in ein schnödes Gewerbegebiet zu geraten. Doch dieser Eindruck wandelt sich schnell. Der Weg führt weiter durch die ruhigen und schmucken Villensiedlungen Mal Pas und Bon Aire und vorbei an einem hübschen, kleinen Yachthafen. Und dann, kaum hat man die letzten Häuser hinter sich gelassen, erlebt man schon den ersten Wow-Moment. Der Blick geht auf die weite Bucht von Pollença, hinter der sich am Horizont eine lange Felskette bis hin zum Cap Formentor erstreckt. Diese hinreißende Aussicht begleitet einen nun mehrere Kilometer lang, auf denen sich die Straße an die Nordflanke der Halbinsel La Victoria schmiegt. Mal geht es direkt unten an der Wasserkante entlang, wo die Wellen, Gischt sprühend, an den Fels schlagen oder auf kleine Strände schwappen. Mal liegt einem das azurblaue Meer in einigen Metern Tiefe zu Füßen. Hier und da kann man rechts ranfahren, aussteigen und tief durchatmen. Besonders schön – und lecker! – ist das auf halber Strecke am traumhaft gelegenen Strand namens S'Illot. Im Sommer gibt es in dessen Chiringuito bei viel guter Seeluft Fisch und Meeresfrüchte – oder auch einfach nur ein herzhaftes Pa amb Oli. Essen mit großartiger Aussicht bekommt man außerdem im Restaurant Mirador de la Victoria – das liegt dort, wo die Straße endet. Die Küche ist traditionell mallorquín, die Terrasse bietet besonders bei Sonnenuntergang romantische Stimmung. Unterhalb des beliebten Ausflugslokals liegt eine ehemalige Einsiedelei mit einer hübschen Wallfahrtskirche, in der gerne geheiratet wird. Aus den ehemaligen Klosterzellen der Ermità wurden vor einigen Jahren schlichte, aber liebevoll eingerichtete Hotelzimmer, in denen man für erstaunlich kleines Geld schlummern kann.

TIPP

Von Restaurant wie Hotel erreicht man den Gipfel des Talaia d'Alcúdia (444 Meter). Toller Rundblick!

- In Alcúdia dem Abzweig an der MA-13a, Ausschilderung zur Ermità de la Victoria folgen. S'Illot, Camino Viejo la Victoria s/n, Tel. 971 89 72 18
- Restaurant Mirador de la Victoria, Camino la Victoria s/n, Tel. 971 54 71 73 www.miradordelavictoria.com
- Petit Hotel Hostatgeria La Victoria, C/Cap de Pinar 6, Tel. 971 54 99 12 www.lavictoriahotel.com

Natur-Kultur-Symbiose

76 Garten- und andere Kunst: Sa Bassa Blanca

Bringen Sie Zeit mit, denn hier werden Sie Stunden verbringen. Schon die Anfahrt durch mediterranen Pinien- und Kiefernwald zieht sich, was den Eindruck der Weltabgeschiedenheit des Anwesens nur noch verstärkt. Was für ein herrliches Fleckchen Erde! Das Meer ist zum Greifen nah, weswegen stets eine erfrischende Brise über das weitläufige Gelände weht. Wo anfangen? Vielleicht in der ehemaligen Zisterne, einem großen unterirdischen Wasserreservoir, das zur Museumsfläche wurde? Dort faszinieren mehr als 150 Kinderporträts aus der Zeit vom 16. bis 19. Jahrhundert den Betrachter: Der Nachwuchs aus Königshäusern, dem Hochadel oder Bürgertum posiert, ausstaffiert mit kostbaren Roben oder in puritanischer Strenge, auf kleinen Bildnissen ebenso wie auf opulent gerahmten Gemälden.

Zusammengetragen wurde die originelle Sammlung von einem Künstler(ehe)paar, das sein traumhaftes Refugium zu einer Stiftung und damit der Öffentlichkeit zugänglich machte: Sa Bassa Blanca. Der Brite Ben Jakober und die Franco-Vietnamesin Yannick Vu haben zudem weite Teile der Parks mit ihren Skulpturen bevölkert. Dessen schönster Teil ist zweifelsohne der Rosengarten. Von einer schützenden Mauer umgeben, entfalten hier gut 100 Sorten alter englischer Rosen ihre Blütenpracht und verströmen dabei einen betörenden Duft. Inspiriert von mittelalterlichen Gärten, wachsen hier außerdem Kräuter und Gemüse. Im Schatten eines Baumes findet man Platz auf einer kleinen Bank.

Nahe dem grünenden und blühenden Kleinod liegt eine im maurisch-hispanistischen Stil erbaute Villa, die mit einer Führung – in der Sommersaison nur nach Voranmeldung – zu besichtigen ist. Ein weiteres Highlight ist der separate Ausstellungsbereich „SoKraTES": Der riesige Raum vereint Artefakte aus mehreren Jahrhunderten, von archaischen afrikanischen Masken bis zu zeitgenössischer Kunst. Ein Hingucker ist ein mehr als mannshohes fossiles Skelett vor einem weiten Vorhang aus Abertausenden schillernden Swarovski-Steinen.

● Museo Sa Bassa Blanca, Es Mal Pas, Alcúdia, Tel. 971 54 98 80
www.fundacionjakober.org

Schwimmen und schlemmen

77

Alcanada und das Bistro La Terraza

Alcanada – wie schön das schon klingt! Der Name ist arabischen Ursprungs, im 12. Jahrhundert sollen die Mauren hier ein Gehöft unterhalten haben. Im 19. Jahrhundert geriet der Erzherzog Ludwig Salvator, Liebhaber der balearischen Flora und Fauna, bei einem Besuch des Landguts Alcanada in Verzückung, berichtete von üppig grünenden Weingärten, Feigen-, Johannisbrot- und wilden Olivenbäumen. Im 21. Jahrhundert ist besagtes Herrenhaus Teil des Golfclubs Alcanada, von dem Golfer meinen, er sei der schönste der Insel. Aber auch Nicht-Golfer schwärmen von diesem Flecken wie damals der Erzherzog. Dabei hat man, vom ins Viertel führenden Kreisverkehr kommend, zunächst den Eindruck, man fahre in ein Industriegebiet: Rechter Hand ragen zwei Schlote in den Himmel, sie gehören zum stillgelegten Kohlekraftwerk. Doch schon wenige Meter weiter entpuppt sich Alcanada als ein malerisches Sommerhaus-Viertelchen, seine strahlend weißen und pastellfarbenen Häuschen erstrecken sich den Hügel hinauf, grüßen mit hübschen Markisen, Balkönchen und Terrässchen. Der Camino d'Alcanada schlängelt sich bis an das Ende des Viertels hindurch, und dort, wo er aufhört, ist der Strand, an dem man unter zahlreichen Kiefern immer ein schattiges Plätzchen findet. Von hier aus kann man ratzfatz auf die kleine, von einem Leuchtturm getoppte Illa de Alcanada hinüberschwimmen – es sind nur 150 Meter bis zum dortigen kleinen Sandstrand, an dem man sich wie Robinson fühlen darf. Vom Alcanada-Strand aus sind es außerdem nur wenige Schritte bis zum Bistro „La Terraza“, das in allerbester Lage – nomen est omen – mit einer Terrasse aufwartet, die auf einem Rondell ins Meer ragt. Hier darf man ganz entspannt auch im Strandkleid Platz nehmen, leckere Tapas, Paellas und Mandelkuchen genießen – und dazu den Blick aufs Meer, das sich hier grenzenlos weit und offen zeigt. Zu Füßen des Rondells liegt ein Fels-Badeplateau samt Mini-Sandstrand. Für den Fall, dass Sie noch nicht genug vom Schwimmen haben.

TIPP

Die zweite Terrasse gehört zum Restaurant mit gehobener Fischküche, in dem es formeller zugeht.

● Alcanada, Bistro & Restaurante La Terraza, Plaça Pompeu Fabra 7, Alcúdia
Tel. 971 54 56 11, laterrazaalcanada.com

Ins Blaue hinein

78

Auf dem Holzsteg am Strand von Alcúdia

Er muss ganz schön was aushalten. Im Sommer etwa, zur Hochsaison, wenn hier, wo der Strand von Alcúdia so langsam in den von Muro übergeht, gilt: Wer das Bad im Meer liebt, muss auch das Bad in der Menge lieben. Dann trappeln Tausende von Füßen über ihn hinweg, um die Ausflugsschiffe zu betreten, die an der Plattform an seinem Ende anlegen, oder um sich von dort aus abzudrücken für einen Sprung ins türkisblaue Wasser. Im Herbst machen ihm die Stürme zu schaffen, die den Gewitterfisch, die Llampuga, in die Bucht treiben, und das aufgewühlte Meer, das an seinen Fundamenten nagt. Dann herrscht hier eine ganz besondere Stimmung: Wolkentanz, Wind, Wellen und Wetterleuchten sorgen für Nordsee-Feeling, die nahe Dünenlandschaft im südlichen Teil der Playa de Muro trägt dazu wesentlich bei.

An ruhigen Herbsttagen, im Winter und im Frühjahr ist es hier ganz besonders schön. Dann darf der lange, lange Holzsteg, so weiß wie der Sand am hiesigen Strand, in aller Ruhe weit ins tiefe Blau hineinragen. An klaren Tagen zeichnen sich die Konturen der Nachbarinsel Menorca deutlich am Horizont ab. Man hat den Steg für sich allein – teilt ihn höchstens mit ein, zwei Anglern –, schlendert, fasziniert vom karibisch wirkenden Blau, bis zu seinem Ende, setzt sich an seinen Rand und lässt Beine und Seele baumeln. Stundenlang, wenn man will.

TIPP

Sehr gut isst man im zum sterngekrönten Restaurant Jardin gehörenden Bistro www.bistrodeljardin.com

Die Alternative für Bewegungsfreudige: ein Spaziergang entlang des Strandes in Richtung Süden. Bald schon hat die Playa de Muro, das sechs Kilometer lange ruhigere Stück Traumsandstrand zwischen Port d'Alcúdia und Can Picafort, keine Bebauung mehr im Rücken, sondern das Naturschutzgebiet S'Albufera, das an manchen Stellen bis ans Meer reicht. Am südlichsten Ende des Muro-Strandes, kurz vor dem wieder trubeligen Can Picafort, sind selbst dann, wenn weiter nördlich der Badebär tobt, nur Einheimische anzutreffen. Und: Es gibt hier noch zwei weitere Holzstege …

● Playa de Alcúdia/Muro, etwa auf der Höhe der Avenida las Palmeres, Port d'Alcúdia

Vier Glücksorte in einem

79

Die Finca Son Real

Was für ein friedlicher Anblick: Da liegt eine große, dicke schwarze Sau im Schatten eines Olivenbaums – und schnarcht laut und vernehmlich vor sich hin. Sie lässt sich weder von der Handvoll Kinder, die sie bestaunen, noch von den eitel lärmenden, Rad schlagenden Pfauen stören. Die Sau hat's gut, lebt sie doch auf Son Real, einem weitläufigen, knapp 400 Hektar umfassenden Landgut, auf dem sie mit ein paar Artgenossen ein großes Areal bewohnen darf. Die Balearen-Regierung kaufte Son Real mitsamt seinen imposanten Bauten aus dem 16. und 19. Jahrhundert in den Nullerjahren und machte es der Öffentlichkeit zugänglich. Neben Pfauen laufen hier auch Schafe, Hühnchen und Hähnchen frei herum – womit die lieben Kleinen ihren Glücksort schon gefunden haben dürften.

TIPP

Das Museum im Gutshof gibt Einblick ins einstige Bauernleben und zeigt Grabbeigaben aus der Nekropole.

Jetzt sind die Naturfreunde dran: Vom Gut aus wandert man zunächst durch einen erstaunlich dichten Wald mit wilden Steineichen und Pinien, der später in typisch mediterrane Macchia übergeht, sie reicht bis zu den Dünen am Meeressaum. Wie der Rosmarin duftet! Mehrere Wege stehen zur Verfügung, man könnte stundenlang unangestrengt wandern, Schilder helfen bei der Orientierung. Historisch Interessierte und Hobby-Archäologen steuern gezielt einen ganz besonderen Ort an: die Nekropole von Son Real, ein prähistorisches Gräberfeld, auch „Totenstadt" genannt. Mehr als 300 Menschen wurden hier vom 7. bis zum 4. Jahrhundert v. Chr. auf insgesamt 800 Quadratmetern begraben. Die Grabstätten sind je nach Epoche rund, quadratisch oder hufeisenförmig angelegt, manche sehen wie kieloben liegende Schiffe aus. Alle sind nach Südwesten ausgerichtet, und man vermutet, dass die Toten in Fötusstellung abgelegt wurden. Wer sie waren? Man weiß es nicht. Schön schaurig, das Ganze. Ein Glücksort für alle aber dürfte der herrlich wilde, lange Naturstrand sein, an dem die Stadt der Toten zu finden ist, aber kaum ein Lebender. Son Real: vier Glücksorte in einem! Und nicht weit vom Touri-Trubel in Can Picafort entfernt.

● Son Real, Ctra. Alcúdia – Artà, km 17,7, MA-12, Alcúdia
de.balearsnatura.com

Ein großzügiges Geschenk

80

Die Ermità de Betlem

Was wäre so ein Grundstück, so ein herrlich abgeschiedenes Fleckchen Erde im hohen Norden Mallorcas, heute wohl wert? Jedenfalls war es auch damals schon ein generöses Geschenk, das der Großgrundbesitzer Jaime de Morey, überredet vom Erzbischof von Palma, zu Beginn des 19. Jahrhunderts einigen Gottesmännern machte: Er überließ ihnen einen Teil seiner riesigen Finca auf der Halbinsel Llevant, damit sie fortan ihr Dasein nicht mehr als Bettelmönche fristen mussten, sondern es ganz und gar Gott widmen konnten. Die Mönche fanden bei ihrer Ankunft anno 1805 aber nur die Ruinen eines einstigen Gutes vor – Piraten hatten irgendwann ganze Arbeit geleistet, danach waren die Gebäude dem Verfall preisgegeben. In einem verrotteten Stall hielten sie den ersten Gottesdienst vor Ort ab, daher der Name der späteren Einsiedelei: Betlem.

Und so war es doch noch nicht so ganz vorbei mit dem Betteln: Die Mönche erbaten sich hier und da eine milde Gabe – etwa bei den Kapuzinern in Palma, die die Christusfigur in der kleinen Kirche der Ermità stifteten. Weiter erinnerten sie wohlhabende Familien an ihre Christenpflicht, und über die Jahre entstand eine beinahe prächtige sakrale Anlage inmitten wilder Natur. Bis 2010 lebten hier Mönche – die letzten verbliebenen fünf zogen damals in die wesentlich kleinere Ermità de la Trinitat bei Valldemossa.

TIPP

Im Restaurant Es Vivers an der Uferpromenade von Colonia de Sant Pere gibt es frische mediterrane Küche. www.esvivers.com

Die Halbinsel ist auch heute noch kaum erschlossen, nur ein einziges kurvenreiches und schmales Sträßchen führt von Artà über einen Pass durch den Parc Natural de la Peninsula de Llevant hierher. Ein bequemer und panoramenreicher Weg, die Ermità kennenzulernen. Oder man wandert von den immer noch beschaulichen Feriensiedlungen Colonia de Sant Pere und Betlem in etwas mehr als einer Stunde hier herauf. Ein Tor in der Umgrenzungsmauer der Einsiedelei führt in Richtung Westen über einen sanft ansteigenden Pfad weiter bis zur Kuppe Sa Coassa. Vom dortigen Ausguck schweift der Blick über die Bucht von Alcúdia bis hin zum Cap de Formentor. Geradezu göttlich!

- Ermità de Betlem: mit dem Auto von Artà aus über die Ctra. de la Ermità (MA-3333).
- Colonia de Sant Pere und Betlem: MA-12 von Artà nach Can Picafort, Abzweig MA-3331.

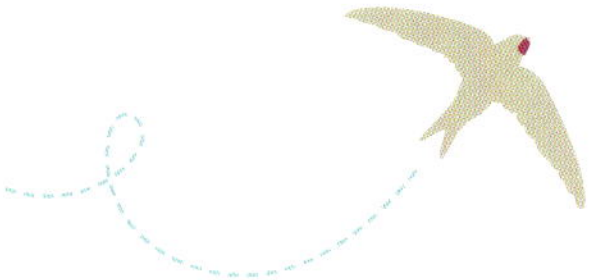

Bibliografische Informationen der Deutschen Nationalbibliothek
Die Deutsche Nationalbibliothek verzeichnet diese Publikation in der Deutschen Nationalbibliografie; detaillierte bibliografische Daten sind im Internet über http://dnb.d-nb.de abrufbar.

3. Auflage 2022
Konzeption/Satz: Droste Verlag, Düsseldorf
Einbandgestaltung und Illustrationen: Britta Rungwerth, Düsseldorf, unter Verwendung von Bildern von © Fotolia.com: jd - photodesign.de; © iStock: Plociennik Robert
Fotos: Katharina Richter, außer:
S. 15: Fotolia © Jürgen Fälchle - stock.adobe.com; S. 23: Michael Richter;
S. 29, 79, 81, 89, 113, 145: Volker Richter; S. 37, 87, 99, 121: Karl Schalk; S. 55: Hotel Cap Rocat;
S. 07: Balearic Ministry for Innovation Research and Tourism / ATB, Fotograf Giorgio Gatti;
S. 117: Fotolia © Tobias Klein; S. 167: Fotolia © wmotion - stock.adobe.com

FSC
www.fsc.org
MIX
Papier aus verantwortungsvollen Quellen
FSC® C011279

Druck und Bindung: LUC GmbH, Greven
ISBN 978-3-7700-2445-2

www.droste-verlag.de